TREET TIL KUNNSKAP... OM GODT OG ONDT

Vidar Hebæk

Treet til kunnskap Om godt og ondt

Utgitt av Forfatter - Vidar Hebæk

Bibelsitatene er hentet fra Norsk Studiebibel med tillatel-
se. Hvis ikke annet er påvist.

ISBN: 978-82-690224-0-7

Den menneskelige oppfatning,
om godt og ondt,
på godt og ondt er blitt borte.
Sluttstrek for enkel oppfattelse.

Avanserte metoder, er langsom utvikling

Treet til kunnskap OM godt og ondt.

Forord til menigheten og ellers....

Når jeg legger denne pennen ned på papiret, forhåpentlig med ledelse av Den Hellige Ånd, innser jeg faren for å gå i den samme fellen som det jeg har fått på hjertet å skrive om. Alene finner jeg ikke ord, så fremt det er fra mitt eget hode, den lager sine bilder som den vil. Hjelpe seg den som kan, det handler jo om vårt ego, kort fortalt, som ble en bok.

På vandring, vagabond ble jeg, etter å ha tømt meg selv fra selvrealisering, gikk tanken tom.
Som mange andre ble jeg søkende new age, filosofi, hvor tanken dominerer. Det viste seg at jeg ikke kom ut av det, men mer inn i det. Tomhet kan være en trussel, særlig hvis det er ledig, feid og pyntet, der oppe i det kjødelige hode.

''Når den urene ånd har forlatt et menneske, flakker den om i tørre trakter og leter etter et hvilested, men finner det ikke. Da sier den: Jeg vil vende tilbake til mitt hus som jeg gikk ut av. Når den så kommer dit, finner den det ledig, feid og pyntet. Da går den bort og tar med seg sju andre ånder, verre enn den selv, og de flytter inn og bor der.
Og for det mennesket blir det siste verre enn det første. Slik skal det også gå med denne onde slekt.''
(Matteus 12:43:45)

The interactive Bible gjør det faktisk enda bedre:
And finds the man more than willing to have him back!
Not only is he allowed entry, but the house is empty,
swept, and put in order, ready for demon habitation!

Det som dominerte i meg var det som tok plassen tilslutt,
depresjoner, angst og selvmords tanker.

''For Gud gav oss ikke motløshetens ånd, men krafts og
kjærlighetens ånd.'' (2 Timoteus 1:7)

Det eneste som oppmuntret meg, var hvordan selvmords
brevet som jeg ville etterlate meg skulle bli.
Når tanken blir djevelsk og slavisk, fant jeg til slutt frel-
sen i Jesus Kristus.
Bli ikke forbauset!

''Og dere skal bli hatet av alle for mitt navns skyld. Men
den som holder ut til enden, han skal bli frelst.''
(Matteus 10:22)

Så er det en ånd, så er det derved én person, åndelig
sådan!
Bevisstheten, resoneringens ånd vil selvfølgelig rive seg
i håret, den er ikke istand til å se over havets horisont.
Og hvis de er , da som en fjern fabel som kanskje kan
passe inn i en fiksjon for en roman.

Slik har resoneringens ånd tatt over åpenbaringene i me-
nighetene i dag.

Slik har Bibelen Gud´s Ord, endt opp i hodet og ikke inn i hjertet!

Hvis evangeliet om Jesus Kristus blir vanskeligere enn at en dyslektiker kan forstå det, ja da er det ikke lenger et evangelium. Et trekkspill i et lite rom, ender opp med masse lyd som ingen hører, bare støy.

Frelst fra meg selv til min grufulle oppdagelse; vi begynner i Den Hellige Ånd og slutter i kjødelig visdom, som er menighetens endestasjon i endetiden, hvor vi er nå!

''Men dette skal du vite at i de siste dager skal det komme vanskelige tider. For menneskene skal da være egenkjærlige, pengekjære, skrytende, overmodige, spottende, ulydige mot foreldre, utakknemlige, uten aktelse for det hellige, uten naturlig kjærlighet, uforsonlige, baktalende, umåtelige, voldsomme, uten kjærlighet til det gode, svikefulle, oppfarende, oppblåste, slike som elsker sine lyster høyere enn Gud.

De har skinn av gudsfrykt, men de fornekter dens kraft. Slike skal du vende deg vekk fra. Til dem hører også de som sniker seg inn i husene og fanger kvinnfolk som er nedtynget av synder og drives av mange slags lyster, som alltid vil lære, men aldri kan komme til sannhets erkjennelse.

Som Jannes og Jambres stod Moses imot, slike står også disse sannheten imot. De er fordervet i sitt sinn og holder ikke mål i troen. Men de skal ikke ha mer fremgang, for deres dårskap skal bli åpenbart for alle, slik det også gikk med de to jeg nevnte." (2 Timoteus 3:1-9)

Og snipp snapp snute, så var dét eventyret ute!

Hvor langt lenger skal vi gå før Jesus kommer snart?

På tide og rope et varsko!
Mange har gjort det før meg, ropt ULV, og det viste seg
å være falsk alarm.

Slik blir det ropt varsko, helt til Jesus Kristus virkelig
kommer en dag, som en tyv.

"Men Herrens dag skal komme som en tyv, og da skal
himlene forgå med veldig brak, og himmellegemene skal
komme i brann og gå i oppløsning, og jorden og alt som
er bygd på den, skal brenne opp." (2 Peter 3:10)

"Kom derfor i hu hvordan du har motatt og hørt. Hold
fast på det og omvend deg! (Legg merke til utrops teg-
net) Dersom du ikke våker, skal jeg komme som en tyv,
og du skal slett ikke vite vilken time jeg kommer over
deg." (Johannes Åpenbaring 3:3)

La meg gjøre et forsøk Jesus
Og la pennen gjennom
Den Hellige Ånd
Lede meg

Takk!

En fremtids fabel

En fabel sånn cirka engang i fremtiden.

I en fremtidig skole, i et klasserom, med elever og lærer.

I en time om troen på Jesus Kristus.

I en time hvor lærer snakker fortid, i et klasserom hvor elever håper på en fremtid. De er blitt forsømt for dem av sin fortid. Fortiden som tappet penger fra "umettelige" kilder, som hadde store ord, om hva de skulle bruke fremtiden til. Sannheten **var** den, at fortiden bare ville sikre sin egen "pensjon". De tok Nav ut av sin lomme og satte fortiden på venterom og gav sykdommen "lønn for strevet", og sa: Gud er død, men **respekt** for "Alle" religioner. Humanisme kalte de det.

Ingen Jesus Kristus. Ingen Hellige Ånd.
Ingen Allmektige Far i himmelen.
Ingen Helbredelse....og etterhvert ingen Velsignelse.

Lurt av nok en isme.

''Derfor sender Gud dem kraftig villfarelse, så de **tror** løgnen, for at de skal bli dømt, alle de som ikke har trodd sannheten, men hadde sitt behag i urettferdigheten.'' (2 Tessaloniker 2:11-12)

Fortiden spiste store ord til frokost, og rapte til slutt bare luft, forsuring ble det kalt.

Dette er veiledende sa Fortiden.
Nei, villedende sa Fremtiden.

Lys sa Fortiden, og mørke la seg over Fremtiden.

Så hva med menighetene, de som skulle ta vare på Jesus sine minste, og levde mens det ennå var penger på "bok." De eldste, pastorer, de som var overvektige over gjennomsnittet, og parkerte sine sorte Bmw´r og Mercedeser, og oppførte seg som Ambassadører.

De brukte tiden i fortiden, med å bygge fremtidige menigheter, og lar "de minste" få smulene som faller fra bordet. Det som engang var dekket til "alle".

"Ve dere, skriftlærde og fariseere, dere hyklere, som gir tiende av mynte og anis og karve, men lar ugjort det som veier tyngre i loven: Rettferdighet, barmhjertighet og troskap." (Matteus 23:23)

Hyklere, dere som sa at Nåden bare var gitt til de som "tror."
Selvrettferdige nådeforkynnere, som engang så ned på de skriftlærde fariseerne på Jesu tid, det datiden var, fortiden før oss ble. De hevet stemmen på det de kalte lederskoler. Og tok Doktorgraden i teologi, og besto med glans på selvhevdelse, og gav hverandre priser for godt samarbeide.

Det var tider dét, som Fortiden hadde, når den hadde tatt Fremtiden fra dem.
Men Fremtiden så den Allmektiges vrede.

Hva er vrede?

Gud´s vrede kan defineres som Gud´s relasjon (affekt) og (aksjon-straffedommer) mot alt som krenker Hans hellige vesen (synden). Gud´s vrede er en Hellig vrede, normert av Hans etiske fullkommenhet, og må skarpt avgrenses fra den menneskelige vrede, som har sin grunn i menneskets selvherlige, syndige livsvilje.

Åpenbaringens åpenbaring.

Men vi har jo nåden sa de, hvor lenge må vi vente? De som hadde ventet lenge nok, ble fornærmet og falt fra, eller gikk til andre menigheter som kunne klø dem i øret.

''Mange skal da falle fra, og kjærligheten skal bli kald hos de fleste.'' (Matteus 24:10)

Hva skal vi si til Fremtiden: Dere får vente og se! Er det ikke litt sent når det har gått for langt? Dette er ikke Bibelsk, sier Fortiden, nei det har du helt rett i , for det er en Fabel, som det ikke er så mye igjen av. Hva må du gjøre, når du inser at du må omvende deg, sier Fremtiden til Fortiden. Evig fortapelse er langt borte fra min forstand, svarte Fortiden. Og forventet noe profetisk fra denne blekka, sier Fortiden sårt, furtehue som den var. Noe profetisk vil jeg ikke gi deg, men **Sannheten** skal du få, svarte Fremtiden.

''Om noen da sier til dere: Se, her er messias, eller der, så tro det ikke ! For falske messiaser og falske profeter skal stå fram og gjøre store tegn og under, for å føre de utvalgte vill, om det var mulig.'' (Matteus 24:23-24)

''Derfor skal dere kjenne dem på deres frukter.
Ikke enhver som sier til meg: Herre Herre! Har vi ikke profetert i ditt navn, drevet ut onde ånder i ditt navn, og gjort mange kraftige gjerninger i ditt navn? Men da skal jeg **åpent** si til dem: Jeg har aldri kjent dere. Vik bort fra meg, dere som gjorde urett!'' (Matteus 7:20-23)

(New King James versjonen av Bibelen bruker ordet: Practice lawlessness. Praktisere lovløshet, med andre ord leve i synd)

Ta nå fantasien, hvor kommer den fra!
En tanke, bygget på sansene, drømmer skapt om til "virkelighet." Impulser i livet som i hvert fall noen klarer å sette opp på rett plass, til rett tid. I en virkelighet som "går rett hjem" for mange.
Ta "Star Wars" f.eks, hvilket hode er det som har klart og skape en slik røre, ikke bare ned på papiret, men også på film. Virkeliggjøre noe som egentlig er en Fabel. Tenke seg til, vi bruker fraser om vi har en sjanse. Og Tro er ikke lenger "inn", og "Gå på vannet" har blitt "ut" for lenge siden, og blir det nevnt, ja da som en Fabel.

Selv om jeg ville nevne navnet Jesus Kristus, mange nok ganger, vil det selv da, ikke "Gå hjem."

CONTENTS

KAPITTEL 1

TREET TIL KUNNSKAP...
OM GODT OG ONDT

"Og Gud Herren bød mennesket: Av hvert tre i hagen kan du fritt ete, men treet til kunnskap **OM** godt og ondt, må du ikke ete av, for den dag du eter av det, skal du visselig dø." (1 Mosebok 2:16-17)

Hvem lot seg friste?
Djevelen som har mange navn. Verdens første teolog og doktrine maker, religionenes far, avgudsdyrkeren selv, som dyrker sitt eget vesen og ego. Hode terapeuten som gjorde menneskeheten avhengig.

Som lot oss friste, løgnens far, som lyver kloss opptil sannheten. Anklageren som ingen kan anklage, fordi han vet at kjødet er svakt.

"Så hendte det en dag at Gud´s sønner kom og stilte seg fram for Herren, og blant dem kom også Satan. Og Herren sa til Satan: Hvor kommer du fra? Satan svarte Herren: jeg har fartet og flakket omkring på jorden. Da sa Herren til Satan: Har du gitt **akt** på min tjener Job? (Akt: Hebraisk: Lev; betyr hjerte. Man kan også si: Har du sett hjerte til min tjener Job?) For det er ingen på jorden som han, en uklanderlig og rettskaffen mann, som frykter Gud og holder seg fra det onde. Men Satan svarte Herren: Mon Job frykter Gud for intet? Har du ikke vernet om ham og hans hus og alt som hans er, på alle kanter? Hans henders gjerning har du velsignet, og hans buskap har bredt seg vidt ut i landet. Men rekk bare din hånd ut og rør ved alt som hans er! Da vil han for visst si deg farvel like opp i ansiktet.'' (Job 1:6-11)

Utdrag fra Norsk Studiebibel:
Djevel (Satan) betyr opprinnelig motstander, i juridisk språkbruk, en anklager ved en domstol. Navnet djevelen (Gresk: Diabolos) betegner en som baktaler, sverter, anklager, beskylder. Satan er et vesen, en person/personlighet, og han er et åndsvesen. Satan er den onde i absolutt mening!

''Så lot han meg se Josva, ypperstepresten, som stod foran Herrens engel, og Satan som stod ved hans høyre side for å anklage han.'' (Sakarja 3:1)

Han har forkastet Gud´s sannhet og foretrukket løgnens prinsipp og vei.

Jesus sier:
''Hvorfor skjønner dere ikke det jeg taler? Fordi dere ikke tåler å høre mitt ord. Dere har djevelen til far, og

dere vil gjøre etter deres fars lyster. Han var en draps-mann fra **begynnelsen** (Gresk; arche; begynnelse, opphav) og står ikke i sannheten. For det er ikke sannhet i ham. Når han taler løgn, taler han av sitt eget, for han er en løgner og løgnens far.'' (Johannes 8:43-45)

Inn i paradiset trengte han seg med list. (Les djevelen)

''Men slangen var listigere enn alle dyr på marken som Gud Herren hadde gjort, og den sa til kvinnen: Har Gud virkelig sagt: Dere skal ikke ete av noe tre i hagen?'' (1 Mosebok 3:1)

Jesus sier:
''Men fordi jeg sier dere sannheten, tror dere meg ikke. Hvem av dere kan overbevise meg om synd? Men jeg sier sannheten, hvorfor tror dere meg da ikke? Den som er av Gud, hører Gud´s Ord. Dere hører ikke, fordi dere ikke er av Gud.'' (Johannes 8:45-47)

Så kom syndefallet, fallet gjorde hele verden syk, som sykdommen ikke ser, som **er** oss, fordi det la seg et mørke over våre øyne.

Bibelen sier:
''I begynnelsen (Gresk; arce; begynnelse, opphav) Var Ordet (Les Jesus), og Ordet var hos Gud, og Ordet var Gud. Han var i begynnelsen hos Gud. Alt er blitt til ved ham, og uten ham er ikke noe blitt til av alt som er blitt til. I ham var liv, og livet var menneskenes lys. Og lyset

skinner i mørket, og mørke tok ikke **imot** det.''(**i mot:** Gresk, katalambano= gripe) (Johannes 1:1-5)

''Og det er ikke noen å undre seg over, for Satan selv skaper seg jo **om** til en lysets engel!'' (2 Korinter 11:14)

(**Om**, Gresk; metaschematizo; forandre form eller framtiden, og går på den prosess eller utvikling som omformer forhold til personer.)

Ta Eva i paradiset:
For et eksempel, som gikk inn i en dialog med Satan, verdens første teolog og doktrine maker. Hennes **første** synd, den **største** var at hun lot seg friste.
Gå ikke inn i dialog med Satan!

Da sa slangen til Eva: Dere kommer slett ikke til å dø!
''Men Gud vet at den dagen dere eter av det, vil øynene deres åpnes, dere vil bli slik som Gud og **kjenne** (Hebraisk; av verbet Jada; kjenne, erkjenne, vite!) godt og ondt.'' (1 Mosebok 3:4-5)

Fra et hjerteforhold med Den Allmektige Far i himmelen, til å ha et hodeforhold med Satan, løgnen og teologens far.

Teologi!
Teologi var frem til 1700 tallet stort sett beskrevet som læren **om** Gud. Selve begrepet er dannet av gresk; theos; gud og logos; ord, lære. Altså læren om Gud. Teologi vil

også forstås som et rasjonelt, systematisk og vitenskapelig **studium** av en bestemt religion. Altså et **studium** ment for et hode og ikke for et hjerte, som jo er åpent for åpenbaringer, ikke tolkninger.

"Så sa han til dem, Jesus Kristus: Dette er mine ord som jeg talte til dere mens jeg ennå var hos dere, at alt det måtte oppfylles som er skrevet om meg i Moselov og profetene og salmene. Da **åpnet** han deres forstand, så de kunne **forstå skriftene.**" (Gresk; nous; sinn, evne til å bedømme) (Lukas 24:44-45)

La oss hvile her, legge oss ned, og se opp på stjernehimmelen. Hva vil en filosofi hjerne tenke, som dyrker sitt eget hode, jeg **tenker,** derfor er jeg! Stjernehimmelen kan ingen ta fra meg.

Ordspråkenes stjernehimmel:
"Å frykte Herren er begynnelsen til kunnskap. Visdom og tukt blir foraktet av dårer." (Ordspråkene 1:7)

Hvor morsom kan jeg være, før ingen ler lenger, og når jeg blir ledd av, er det bare sorg igjen.

"Sett din lit til Herren av hele ditt hjerte og stol ikke på din forstand!" (Ordspråkene 3:5)

Hva er sammenhengen med alt dette, sier vi, som om tanken holder alt sammen.

"For dette er vår ros: Vår samvittighets vitnesbyrd om at vi vandret i verden, og særlig hos dere, i Gud´s hellighet og renhet, ikke i **kjødelig visdom** (Les: Vårt eget lille hode) men i Guds nåde.'' (2 Korinter 1:12)

La oss gå tilbake, tenke tanken om at vi var ved begynnelsen. Der fysisk bevegelse var noe nytt, hvor hvert skritt var en åpenbaring, slik du leser Bibelen etter å ha blitt Født på ny. Hvor studie av bevegelse ikke ennå var tatt i hevd.

Syndefallets modenhet ennå var på barnestadiet, før trass alderen, men etter skapelsen.

Når vi undret oss over hva vi så, og gav navn på det.

"Gud Herren hadde formet av jord alle markens dyr og alle himmelens fugler. Og han førte dem til mennesket for å se hva han ville kalle dem. Det navnet menneske gav hver levende **skapning,** det skulle den ha.'' (2 Mosebok 2:19)

(**Skapning:** Hebraisk; nafosh; sjel. Opprinnelig antagelig betyr "hals", dernest "pust" eller ånde. I Bibelsk språkbruk er sjelen personlighetens senter)

Skylde på Adam og Eva, og nekte for vår egen syndeskyld, vil være patetisk, det vil være hodereligion. For enhver tanke til enhver tid rekker ikke lenger ut enn til den horisonten vi ser.

Hvordan kan jeg overbevise noen om at det jeg **tror** på er sant, uten at det er en tanke, resonnering. Hvor ingen egentlig blir enig, hvor de blir enige om at de ikke kan bli enige, akkurat som det er i menighetene idag, et falsk evangelium som ingen fornekter.

"Men tro er full visshet om det en håper, overbevisning om ting en ikke ser. For på grunn av den fikk de gamle godt vitnesbyrd. Ved tro skjønner vi at verden skapt ved Guds ord, så det en kan se, ikke er blitt til av det synlige." (Hebreerne 11:1-3)

KAPITTEL 2

"SEIERHERRENE"

Når alle teser, **teorier**, ismer, over tid, når Darwinismens legoklosser sakte men sikkert blir plukket ifra hverandre. Til slutt ligger i et kaotisk hulter til bulter og lar noen andre bygge videre på Babels tårn, og ser andre intellektuelle "muskler", bygge videre på noe som virker mer stødig for sin "samtid."

Forvirring er aldri forvirring, inntil noen "andre" griper inn.

Babels Tårn.
Babel - betyr forvirring.

''Hele jorden hadde ett språk og samme ord. Det skjedde, da de drog fram mot øst, at de fant en slette i landet Sinear, og de bosatte seg der. De sa til hverandre: Kom, la oss gjøre teglstein og brenne dem godt! De brukte tegl til stein og jordbruk isteden for mørtel. Så sa de: Kom, la oss bygge oss en by og et tårn som når opp til himmelen.

La oss gjøre et navn, ellers blir vi spredt over hele jorden. Da steg Herren ned for å se byen og tårnet som menneskenes barn bygde.

Og Herren sa: Se, de er ett folk, og de har alle samme språk. Dette er det første de foretar seg. Nå vil ingenting være umulig for dem, hva de så får i sinne å gjøre. Kom, la oss stige ned og **forvirre** deres språk så de ikke forstår hverandres tale. Så spredte Herren dem derfra ut over hele jorden, og de holdt opp med å bygge på byen.

Derfor ble byen kalt Babel, for der forvirret Herren all jordens tungemål, og derfra spredte Herren dem ut over hele jorden.'' (1 Mosebok 11:1-9)

Jag etter kunnskap, få bekreftelse, handler om å avkrefte andre påstander.

"Fakta" i sin samtid er som regel skrevet av "Seierherrene".

Når man bygger noe, og det viser seg at man mangler deler for å fullføre, da kan man gå ut i horisonten for å finne det man trenger. Hva hvis man fullfører og det viser seg å være deler til overs, ikke annet å gjøre enn å rive ned og begynne på nytt.

Dommen over Kain.

''Da sa Herren til Kain: Hvor er Abel, din bror? Han svarte: Jeg vet ikke (Vet: Hebraisk; kjenne, kunnskap).

Er jeg min brors vokter?

Men han sa: Hva har du gjort? Røsten av din brors blod roper til meg fra jorden. Nå skal du være bannlyst fra den jord som åpnet sin munn og tok imot din brors blod fra din hånd. Når du dyrker jorden, skal den ikke mer gi deg sin grøde.

En flyktning og en vandrer skal du være på jorden.

Da sa Kain til Herren: Min **misgjerning** er større enn at jeg kan bære den (**Misgjerning**: Hebraisk; synd, skyld, nød).

Se, du har i dag drevet meg ut av landet, og jeg må skjule meg for ditt åsyn. Jeg blir en flyktning og en vandrer på jorden, og det vil gå slik at hvem som helst som finner meg, kommer til å slå meg ihjel.

Men Herren sa til ham: Dersom noen slår Kain ihjel, skal det hevnes sjufold. Og Herren satte et merke på Kain for at ingen som møtte ham, skulle slå ihjel. Så drog Kain bort fra Herrens åsyn og bosatte seg i landet Nod, øst for Eden.

Og Kain **holdt** seg til sin hustru, og hun ble med barn og fødte Hanok. Så tok han seg for å **bygge en by** og gav byen navnet Hanok etter sin sønn.'' (Holdt: Hebraisk; jada; kjenne, kunnskap) (1 Mosebok 4:9-17)

Den første til å bygge en by.

Så var syndefallet komplett. Bybyggeren som bygde den første av djevelens synagoger. Gladiatorens første arena, lekeplass for synden, der herligheten nytes i full blomst, naken, hvor ingen mangler noe, bortsett fra de som er **fratatt alt**. Mørket skaffet seg vektere, for at alle skulle holde seg unna, der hvor elektrisitet etter hvert ble alfa og omega.

Falske skygger som prøvde å skape lys over det hele.

"**All ære**" til Edison.

"For dem som setter sin lit til Herren, vil det komme en dag med frelse. Men for de andre blir det en evig natt med ødeleggelse." (Jesaja 21:11-12)

Lignelsen om lyset.
"Ingen tenner et lys og skjuler det med et kar eller setter det under en seng. Han setter det i lysestaken, for at de som kommer inn, skal se lyset. For ingenting er skjult som ikke skal bli **åpenbart**. Heller ikke er noe gjemt uten at det skal bli kjent og komme for **dagen**. (Gresk; taneros; synlig, åpenbar).
Se derfor til hvordan dere hører!
For den som har, til ham skal det bli gitt. Men den som ikke har, skal bli **fratatt** selv det han synes å ha."
(Lukas 8:16-18)

Hvor kreativiteten ble så stor, at den vokste over vårt hode. Der ingen virkelig lever, bare bor.

"Og du Daniel: Gjem disse ord og forsegl boken inntil endens tid. Mange skal fare omkring, og **kunnskapen** skal bli stor." (Daniel 12:4)

En svensk forfatter sa en gang:
Det er synd om menniskorna!
Sa han som drakk seg ihjel! Den tørste må jo ha noe å drukne seg i, når han ikke har annet.

"Se, jeg lar noen av satans synagoge komme, de som kaller seg selv jøder (Les kristne) og ikke er det, men lyver. Jeg vil gjøre det så at de skal komme og falle ned for dine føtter, og de skal **forstå** at jeg har elsket deg. Fordi du har tatt vare på mitt ord om tålmodighet, vil jeg fri deg ut fra den prøvelsens time som skal komme over hele **verden (Gresk; kosmos)**, for å prøve dem som bor på jorden. Jeg kommer snart! Hold fast på det du har, for at ingen skal ta din krone. Den som **seirer,** ham vil jeg gjøre til en støtte i min Guds tempel, og han skal aldri mer gå ut derfra. Og jeg vil skrive på ham min Guds navn, og navnet på min Guds stad - det nye Jerusalem, som kommer ned fra himmelen fra min Gud - og mitt eget navn, det nye. Den om har øre, han høre hva Ånden sier til menigheten.'' (Johannes Åpenbaring 3:9-13)

Forstå: Gresk; ginosko; kjenne, erkjenne, vite.
De vil altså erkjenne at jeg har elsket deg, vers 9. Kunnskap om Gud har sitt utgangspunkt i å kjenne hans kjærlighet, som han har vist ved å gi sin Sønn for våre synder.

Bibelen sier:
"For i ham bor hele guddommens fylde legemlig. Og i ham er dere blitt fylt, han som er hodet for enhver **makt** og **myndighet**. I ham er dere også blitt omskåret med en omskjærelse som ikke er gjort med hender, ved at kjødets legeme ble avlagt, ved kristi omskjærelse. For i dåpen ble dere begravet med han, og i den ble dere også oppreist med ham, ved **troen** på Guds kraft - han som

oppreiste Kristus fra de døde. Også dere var døde ved deres overtredelser og uomskårne kjød. Men Gud gjorde dere levende sammen med Kristus, idet han tilgav oss alle våre overtredelser. Han utslettet skyldbrevet mot oss, som var skrevet med bud, det som gikk oss imot. Det tok han bort da han naglet det til korset. Han avvæpnet maktene og myndighetene og stilte dem **åpenlyst** til skue, da han viste seg som **Seierherre** over dem på korset.'' (Kolosserne 2:9-15)

1. Makt; gr, arche; Begynnelse, opphav.

2. Myndighet; gr, exonsia; øvrighet.

3. Troen; gr, pistos; trofast.

4. Åpenlyst; gr, parresia; frimodighet.

KAPITTEL 3

MUGG

Muggsopper, små sopper med nymfer (Celletråder) som danner et spindelvevaktig eller vattlignende overtrekk på døde organiske stoffer.

- Tilhører forskjellige slekter
- Sprer seg lett ved sporer gjennom luften

Vanlig grønn mugg består av arter i slekten pencillium, hvorav pencillium notatum er den viktigste produsent av penicillin. Flere av disse artene er viktige for oste gjæring (Eks i gorgonzola - stiton - camembert og roquefort ost) **"Fra Kunnskapsforlaget"**

Skapelsen.
Urskapelsen.

"I begynnelsen skapte Gud himmelen og jorden. Og jorden var øde og tom. (Hebraisk; tom, uformet, ørken. Et av de mere sjeldne ord for "øde" i Gamle testamentet er tohu, som betegner ødslighet, tomhet og tom.) Det var mørke over det store dyp, og Guds Ånd (Hebra-

isk; ruach; Ånd, vind, Hellige Ånd) svevet over vanne-
ne.'' (1 Mosebok 1:1-2)

Både det hebraiske og det greske; pneuma; ordet for
"ånd", betyr "luft i bevegelse".
Ordene kan betegne både vind og ånde pust. I seg selv er
begge ordene vanskelige, de lar seg bare kjenne på virk-
ningene. Gamle testamentet: Ånden som selve livs
prinsippet. Guds Ånd gir liv til alt levende.

Ofte begynner vi i feil ende, slik jeg har tenkt å gjøre nå,
når jeg foregriper meg på denne kloden Tellus.
Bortforklaringer må forklares.
Skaperverket i skapelsen var vi ferdige med, trodde vi,
forskyvninger romler i magen.
Genesis, første boken i Bibelen, betyr opprinnelse, i be-
gynnelsen, som er Hebreernes navn på boken.
Begynnelsen som Den Allmektige **skapte godt**.

Første dag: Lyset.
Da **sa** Gud: Bli lys! Og det ble lys. Og Gud så at lyset
var **godt**, og Gud skilte lyset fra mørke.
(1 Mosebok 1:3-4)

Andre dag: Himmelhvelvingen. (1 Mosebok 1:6-8)

Tredje dag: Hav, land, planteliv
''Og Gud **sa**: La vannet under himmelen samles på et
sted, og la det tørre land komme til syne. Og det ble slik.
Og Gud kalte det tørre land jord, vannet som var samlet,

kalte han hav. Og Gud så at det var **godt**. Og Gud **sa**:
Jorden skal la gress spire fram, og planter som sår seg ,
og frukttrær som bærer frukt med frø i, på jorden, **hvert
etter sitt slag**. Og det **ble slik**. Jorden lot gress gro fram,
planter som sår seg, **hvert etter sitt slag**, og trær som
bærer frukt med frø i, **hvert etter sitt slag**. Og Gud så at
det var **godt**.'' (1 Mosebok 1:9-13)

Fjerde dag: Sol, måne, og stjerner kommer til syne.
''Og Gud **sa**: La det bli lys på himmelhvelvingen til å
skille mellom dagen og natten. De skal være til tegn som
fastsetter tider, dager og år. Gud satte dem på himmel-
hvelvingen til å lyse over jorden, til å **råde** (Hebraisk;
mashal; herske) om dagen og om natten, og til å skille
lyset fra mørket. Og Gud så at det var **godt**.''
(1 Mosebok 1:14-18)

Femte dag: Havdyr og fugler.
Og Gud **sa**: La vannet vrimle med et mylder av levende
skapninger, (Hebraisk; nafash; sjel, liv) og la fugler fly
over jorden, under himmelhvelvingen. Og Gud skapte de
store sjødyrene, (Sjødyrene: Hebraisk; tannin, sjøuhyre,
slange, brukes om store dyr og i overført betydning og
Guds fiender i den politiske verden).
Og alt levende, (Samme ord på hebraisk som skapning-
er, sjel, liv) som rører seg, som vrimler i vannet, **hvert
etter slitt slag**, og hver vinget fugl etter sitt slag. Og Gud
så at det var **godt**. Gud velsignet dem og **sa**: Vær frukt-
bare og bli mange og fyll vannet i havet, og fuglene bli
mange på jorden! (1 Mosebok 1:20-22)

Sjette dag: Levende skapninger.

Og Gud **sa**: Jorden skal la levende skapninger gå fram, hvert etter sitt slag: Fe og kryp og jordens ville dyr, **hvert etter sitt slag**. Og det ble slik. Og Gud gjorde de ville dyr på jorden, **hvert etter sitt slag**, kveget **etter sitt slag**, alt jordens kryp **etter sitt slag**. Og Gud så at det var godt. (1 Mosebok 1:24-25)

Vi lever på en levende planet som er døende, som følge av at "alt" ikke lenger er godt. Hvor syndefallet forkrøplet det hele.

Sjette dag: Menneskene blir skapt.

Da **sa** Gud: La oss gjøre menneskene i **vårt** bilde, etter vår liknelse (Hebraisk; demut; likhet). De skal råde over havets fisker og over himmelens fugler, over feet og over all jorden, og over hvert kryp som rører seg på jorden.

Og Gud skapte menneske **i sitt bilde**, **i Guds bilde** skapte ham det, til mann og kvinne skapte ham dem. Og Gud velsignet dem og sa til dem: Vær fruktbare og bli mange, fyll jorden, degg den under dere og råd over havets fisker og himmelens fugler og over alt levende som rører seg på jorden. Og Gud **sa**: Se, jeg har gitt dere alle planter som sår seg over hele jorden, og hvert tre med frukt som setter frø. Det skal være føde for dere. Og til alle jordens dyr og alle himmelens fugler og alt som kryper på jorden, alt som har livsånde i seg, gir jeg alle **grønne** planter til føde. **Og det ble slik**. Og Gud så alt det han hadde gjort, og se det var **overmåte godt**. Og det ble aften og det ble morgen, sjette dagen.

(1 Mosebok 1:26-31)

Han som ser konsekvensene før noe har skjedd.

Lydighetsprøven.
Og Gud Herren tok mennesket og satte ham i Edens hage til å dyrke den og vokte den.
Og Gud bød mennesket: Av **hvert** tre i hagen kan du fritt ete, men treet til **kunnskap** (Hebraisk; da´at; **erkjennelse**, kunnskap) **om** godt og ondt, **må** du **ikke** ete av, for den dag du eter av det, skal du visselig dø.
(1 Mosebok 2:15-17)

Han som ser til hjertene, uten å gå glipp av noe!

Og Han sa til dem (Les: Jesus): Dere er slike som rettferdiggjør seg selv i menneskenes øyne, men Gud **kjenner** (Gresk; ginosko; kjenne, vite, forstå) hjertene deres. For det som mennesker akter høyt, er en styggedom i Guds øyne. (Lukas 16:15)

Han som angret på hva han hadde gjort!

Menneskenes ondskap.
Herren så at menneskenes ondskap var stor på jorden, og at **alle tanker** og hensikter i deres hjerter var onde hele dagen lang. Da angret Herren at han hadde skapt mennesket på jorden, og han var full av **sorg** i sitt hjerte. Og Herren sa: Jeg vil utrydde fra jorden menneskene som jeg har skapt, både menneskene og fe og krypdyr og

himmelens fugler, for jeg angret at jeg har skapt dem.
(1 Mosebok 6:5-7)

Han som ville utslette alt, men valgte og skåne noen!

Noahs gudsfrykt og rettferdighet.
Men Noah fant **nåde** (Hebraisk; chen; nåde, velvilje) for
Herrens øyne. Dette er historien om Noah og hans ætt.
Noah var en rettferdig mann, ulastelig blant sine samti-
dige. Noah vandret med Gud. (1 Mosebok 8:9)

Nåde, betyr at Gud har elsket oss uten grunn i oss selv,
for Jesu skyld.

Skapelses historien har ingen "happy ending."
Men så er det heller ikke noe eventyr, men et Faktum, vi
ser i dag. Og **"slutt"**, er det heller ikke, ennå.

På gulosten min, som er ystet og lagd etter oppskrift,
hvor **mugg ikke** hører hjemme, det finner seg bare til
rette, når osten er i ferd med å forgå. Grønne flekker,
som varsel lamper, bare grønt, et klarsignal på at den har
blitt korrupt, infiltrert av noe som ikke var tenkt. Vel, jeg
kan vel skjære bort det korrupte, tenker du. Celletrådene
som har slått røtter langt inne i osten, slår deg ikke, men
mikroskopene vet, at når tiden er inne vil de vende tilba-
ke. Og slik vil det korrupte og ondartede stadig vende
tilbake, til det tilslutt ikke er mer ost igjen.
Så hva gjør man?
Lager ny ost!

Den nye verden.

''Og jeg så (Johannes, Jesu disippel) en ny himmel og en ny jord. For den første himmel og den første jord var veket bort, og havet er ikke mer. Og jeg så den hellige stad, det nye Jerusalem, stige ned ut av himmelen fra Gud, gjort i stand som en brud som er prydet for sin brudgom. Fra tronen hørte jeg en høy røst som sa: Se, Guds bolig er hos menneskene. Han skal bo hos dem, og de skal være hans folk, og Gud selv skal være hos dem og være deres Gud. Han skal tørke bort hver tåre fra deres øyne. Og døden skal ikke være mer , og ikke sorg, og ikke skrik, og ikke pine skal være mer. For de første ting er veket bort. Og han som satt på tronen sa: Se, jeg gjør alle ting nye! Og han sier til meg: Skriv! For disse ord er troverdige og sanne. Så sa han til meg: Det har skjedd! Jeg er Alfa og Omega, **begynnelsen** (Gresk; arche; begynnelse, opphav) og enden (Gresk; telos; ende, mål, endemål, oppfyllelse).

Jeg vil gi den tørste å drikke av livets vannkilde uforskyldt. Den som seirer, skal arve alle ting.

Jeg vil være hans Gud og han skal være min sønn. Men de feige og vantro (Gresk; apistos; vantro, vantro er det motsatte av tro, en negativ holdning hos mennesket ovenfor Gud. Vantro er det samme som ulydighet) og vanhellige og morderne og horkarene og trollmennene og avgudsdyrkerne og alle løgnere - deres del skal være i sjøen som brenner med ild og svovel. Det er den annen død.'' (Johannes Åpenbaring 21:1-8)

KAPITTEL 4

SAUL VS. DAVID

Hva er det som får lydigheten til å spore av?

Det er stort sett tre grunner til avsporing.

Teknisk.
Når noe bryter sammen, dårlig vedlikehold, manglende utskifting.

Menneskelig.
Svikt i menneskets evne til å bedømme situasjoner, arroganse og hovmod.
Det går sikkert bra, unnfallenhet.

Hør hva Herren talte til Saul:
''Og Herren sendte deg avsted og sa: Gå og slå disse synderne, amalkittene, med bann og før krig mot dem til du får gjort ende på dem! Hvorfor adlød du da ikke Herrens ord, men kastet deg over byttet og gjorde det som var ondt i Herrens øyne? Da sa Saul til Samuel: Jeg har

adlydt Herrens ord og har gått den veien Herren sendte meg. Jeg har ført Agag, Amaleks konge, hit og slått Amalek med bann. Men folket tok av byttet, småfe og storfe, det beste av det bannlyste, for å ofre det til Herren din Gud i Gilgal.'' (1 Samuel 15:18-21)

Og omgivelsene.
Som setter sporene i ufrivillig bevegelse, jordras, ekstrem varme, hindringer på sporet.

''Da sa Samuel: Har vel Herren like meget behag i brennoffer og slaktoffer som i lydighet mot Herrens Ord?
Nei, lydighet er bedre enn offer, lydhørhet er bedre enn fettet av værer.'' (1 Samuel 15:22)

Når det uventede trer i kraft, setter vi på bremsene, tar egne evalueringer, stoler ikke lenger på løftene, men bedømmer situasjonen som den er.

''For gjenstridighet er ikke bedre enn trolldoms-synd, og trass er som avgudsdyrkelse. Fordi du har forkastet Herrens Ord, har han forkastet deg, så du ikke skal være konge.'' (Les Saul) (1 Samuel 15:23)

Avsporingene i seg selv er ikke poenget, men en opplysning, selv David sporet av.

''Så hendte det en kveld at David stod opp av sengen og gikk omkring på taket av kongens hus. Da fikk han fra taket se en kvinne som badet seg. Og kvinnen var meget vakker å se til. David sendte bud og spurte seg for om kvinnene og de sa: Det er jo Batseba, datter av Eliam og hetitten Urias hustru. Da sendte David bud og hentet henne. Hun kom til han, og han lå hos henne like etter at hun hadde renset seg fra sin urenhet. Så gikk hun hjem igjen. Kvinnen ble med barn, og hun sendte bud om det til David og lot si: Jeg er med barn.'' (2 Samuel 11:2-5)

Men David vs. Saul var villig til omvendelse, til å komme seg på sporet, etter å ha blitt irettesatt av profeten Natan.

''Da sa David til Natan: Jeg har syndet mot Herren. Og Natan sa til David: Så har også Herren borttatt din synd, og du skal ikke dø. Men fordi du ved denne gjerning har gitt Herrens fiender grunn til å spotte, så skal også den sønnen du har fått visselig dø. Så gikk Natan hjem igjen. Og Herren slo barnet som David hadde fått med Urias kone, så det ble sykt. Og David søkte Gud for barnets skyld. David fastet strengt, og han gikk inn og lå på jorden hele natten. De eldste i hans hus kom og ville reise ham opp fra jorden, men han ville ikke, og han åt ikke sammen med dem. På den sjuende dagen døde barnet, men Davids tjenere torde ikke fortelle ham at barnet var dødt. De tenkte: Mens barnet var i live, talte vi til ham, men han hørte ikke på oss. Hvordan skal vi da nå kunne si til ham at barnet er dødt? Han kunne gjøre noe forferdelig. Da David så at tjenerne hvisket seg imellom, skjønte han at barnet var dødt, og han sa til tjenerne sine: Er barnet dødt? De svarte: Ja. Han er død. Da sto David

opp fra jorden og vasket seg og salvet seg og skiftet klær og gikk inn i Herrens hus og tilba. Så gikk han hjem igjen og ba om mat, og de satte fram mat for ham, og han spiste. Da sa tjenerne til ham: Hvordan er det du bører deg at? Mens barnet var i live, fastet du og gråt for ham. Men nå, når barnet er dødt, står du opp og spiser. Han svarte: Så lenge barnet var i live, fastet jeg og gråt. For jeg tenkte: Hvem vet om ikke Herren forbarmer seg over meg, så barnet blir i live? Men nå som han er død, hvorfor skulle jeg nå faste? Kan jeg hente ham tilbake igjen? Jeg går til ham, men han vender ikke tilbake til meg.''
(2 Samuel 12:13-23)

Det er sagt mye om Saul og David. Flere bøker faktisk.

Om Saul: Han gjorde hva han mente var best, gav seg selv æren, og kalte det "tro", blasfemisk, som til slutt tok hans liv. Han begynte i Den Hellige Ånd og sluttet i kjød.

Og Herrens Ånd skal komme over deg, så du skal profetere sammen med dem og bli til et annet menneske.
(1 Samuel 10:6)

Men det var den dårlige retningssansen, som tok livet hans.

Men Herrens Ånd vek fra Saul, og en ond ånd fra Herren forferdet han. (1 Samuel 16:14)

Om David sa Herren til Samuel:
"Se ikke på hans utseende og på hans høye vekst! For jeg har forkastet ham. (Les Saul)
Jeg ser ikke på det menneske ser på, for mennesket ser på det ytre, men Herren ser på hjertet." (1 Samuel 16:7)

Hjertet i Bibelsk språkbruk, betegner både hovedorganet for det fysiske liv og menneskets mentale og moralske aktivitet.

Om David som ikke tok hevn over Saul, han lot Den Allmektige være dommeren.

"David sier til Saul. Se, nå har du jo med egne øyne sett at Herren idag hadde gitt deg i min hånd i hulen, og det var tale om å drepe deg. Men jeg hadde medynk med deg og sa: Jeg vil ikke legge hånd på min herre, for Herrens salvede er han. Men se, min far! Se, her er fliken av din kappe i min hånd! For når jeg skar fliken av din kappe og ikke drepte deg, så kan du vel skjønne og se at jeg ikke har dratt noen misgjerning eller noen ondt i sinne. Jeg har ikke forsyndet meg mot deg, enda du etterstreber meg og vil ta mitt liv. Herren skal dømme mellom meg og deg, og Herren skal hevne meg på deg, men min hånd skal ikke ramme deg. Det er som det gamle ordspråk sier: Fra ugudelige kommer ugudelighet! Men min hånd skal ikke ramme deg." (1 Samuel 24:11-14)

Urgudomligheten vs Treet til kunnskap.
Urgudomligheten som David hadde, lengselen til gjen-

opprettelsen med den Sanne Gud.

"Da samlet alle Israels eldste seg og kom til Samuel i Rama. Og de sa til ham: Nå er du blitt gammel, og dine sønner vandrer ikke på dine veier. Så sett nå en konge over oss til å styre oss, slik som alle folkene har! Men det var ondt i Samuels øyne når de sa: Gi oss en konge til å styre oss! Og Samuel ba til Herren. Da sa Herren til Samuel: Lyd folket i alt det de sier til deg! For det er ikke deg de har forkastet, men det er meg de har forkastet, så jeg ikke skal være konge over dem."
(1 Samuel 8:4-7)

Treet til kunnskap, den gjorde Saul til menneske for sin samtid, som menneskene ville ha. Troen ble til teologi, evnen til å bedømme tok han på egenhånd, fra å være valgt, til frivillig "å holde fast" på sin trone.

"Samuel sa: Da du var liten i dine egne øyne, ble du hode for Israels stammer, og Herren salvet deg til konge over Israel." (1 Samuel 15:17)

- Det er dager jeg kjenner/erkjenner meg selv som Saul.

- Det er dager jeg ønsker å være David, men mitt kjød vil ikke.

"Jeg **skjønner** (Gresk; ginosko; kjenne, vite, forstå, kunnskap) ikke det jeg gjør. For det jeg vil, det gjør jeg ikke. Men det jeg hater, det gjør jeg." (Romerne 7:15)

''Gud være takk, ved Jesus Kristus, vår Herre! Jeg, som jeg er, tjener da Guds lov med mitt **sinn**, (Gresk; hous; forstand, evne til å bedømme) men syndens lov med mitt kjød.'' (Romerne 7:25)

Hellige Ånd vs Hode.

Tenk om jeg kunne ha dype utlegninger om dette, meditert meg ihjel, studert og tolket dette opp til mitt hode, sagt noe som ikke er sagt før.

Tenk om jeg kunne være alene om åpenbaringene.

Tenk om jeg kunne kommet med noe aldeles nytt.

KAPITTEL 5

INTET NYTT UNDER SOLEN

''Det som har vært, er det som skal bli. Det som er hendt, er det som skal hende. Det er intet nytt under solen. Blir det sagt om noe: Se, dette er nytt! Så har det vært til for lenge siden, i svunne tider som var før oss.'' (Predikantens bok 1:9-10)

De av dere som elsker kunst, som søker etter bilde over "alle" bilder. Og åpenbaringen plutselig henger der på veggen.
Det ene sanne bilde over "alle."

Helheten forteller deg alt, uten å gi slipp på noe. Bilde som overgår alt, uten unntak.

Med lengselen, nærmer man seg bilde, tar detaljene, sømfarer det som kan sømfares. Tilslutt "tar" detaljene deg. Og glemmer til slutt å ta skrittene bakover. For i det hele, og se alt på avstand. Og glemte til slutt at Den

Første Kjærligheten ble sett fra avstand.

Hva med oss som Tror, som studerte oss vekk ifra Åpenbaringene. Gjentakelse er ikke nødvendigvis negativt, siden det er sagt fra før. Å glemme er lett, å tro er ikke alltid enkelt. (Og dette stemmer ikke alltid)

''Ord av predikanten, sønn av David konge i Jerusalem. Tomhet og atter tomhet, sier predikanten, tomhet og atter tomhet! Alt er tomhet. Hva vinning har mennesker av alt sitt strev, som han gjør seg møye med under solen? Slekt går og slekt kommer, men jorden står alltid ved lag. Solen går opp, og solen går ned, og skynder seg tilbake til stedet der den går opp. Vinden blåser mot sør, så dreier den mot nord, den vender og snur seg under sin gang og begynner så igjen sitt løp. Alle bekker renner ut i havet, men havet blir ikke fullt. Til det stedet som bekkene går, dit går de alltid igjen. Alle ting strever seg trett, mer enn noen kan si. Øyet blir ikke mett av å se, og øret blir ikke fullt av å høre.'' (Predikantens bok 1:8)

Sokrates sa:
Det er kun en ting jeg vet, det er at jeg intet vet. Filosofi betyr kjærlighet til visdom. Det betyr at det ikke finnes en eneste filosof etter Sokrates, fordi filosofene begynte med filosofi og endte opp som sofister. (Sofister; gresk; fagmann, visdoms lærer. Legger hovedvekt på spissfindig argumentering, ordkløveri osv. En som "tror" han vet at han har visdom).
Bortsett fra Sokrates selv, og han er høyst sannsynlig en

fiktiv person, tatt ut fra virkeligheten, fra Platons hode, altså bare en **tanke.**

Bibelen sier:
''Ingen minnes dem som før har levd, heller ikke vil de som siden skal komme, leve i minnet hos dem som kommer etter dem. Predikanten var konge over Israel i Jerusalem. Jeg vendte mitt hjerte til å ransake og utgranske med visdom alt det som hender under himmelen. Det er en ond plage, som Gud har gitt menneskenes barn å **plage** seg med.
(Hebraisk; anah; fornedre, undertrykke, ydmyke).
Jeg så alt det som ble gjort under solen, og se, alt sammen var tomhet og jag etter vind. Det som er kroket, kan ikke bli rett. Det som mangler, kan ingen regne med. Jeg talte med meg selv i mitt indre og sa: Se, jeg er blitt større og rikere i visdom enn alle som har hersket over Jerusalem før meg. Mitt hjerte har skuet stor visdom og kunnskap.
Jeg vendte mitt hjerte til å kjenne visdommen og forstå dårskap og uforstand. Men jeg skjønte at også dette var jag etter vind. For med stor visdom følger stor gremmelse. Den som øker kunnskap, øker smerte.''
(Predikantens bok 1:11-18)

Nåtidens store dilemma, som Pilatus hadde.
Nå stiller vi spørsmål om alt og alle, bortsett fra det som kommer utifra vårt eget hode.

''Pilatus sa da til ham: **Men konge er du altså?**

Jesus svarte: Du sier det, jeg er konge. Til dette er jeg født, og dette er jeg kommet til **verden**, (Gresk; kosmos) at jeg skal vitne for sannheten. Hver den som er av sannheten, hører min røst. Pilatus sier til ham: **Hva er sannhet?**'' (Johannes 18:37-38)

Filosofens dilemma, stille spørsmål..? Som også er djevelens våpen. Har Gud **virkelig** sagt....?
(1 Mosebok 3:1)

Fortidens dilemma, som også er apostler, pastorer, menighetsplantere´s dilemma i dag.

''Da talte Jesus til folket og til sine disipler og sa: På mose stol sitter de skriftlærde og fariseerne. Alt som de sier til dere, skal dere derfor gjøre og holde. Men gjør ikke etter deres gjerninger. For de sier det, men de gjør det ikke. De binder sammen tunge byrder og lesser dem på menneskenes skuldre, men selv vil de ikke røre dem med en finger.'' (Matteus 23:1-4)

Med tankens kraft lesser de byrder på folk slik alle ismene gjør. (Katolismen - Islamismen - Sosialismen, osv).
Fariseerne i et nøtteskall.
Tenkere tenker seg ihjel.

Kosmos.

Jesus Kristus har seiret over verden.
''Dette har jeg talt til dere i lignelser. Det kommer en tid

da jeg ikke lenger skal tale til dere i lignelser, men **fritt** (Parresia; gresk; frimodighet) ut forkynne dere om Faderen. På den dag skal dere be i mitt navn. Og jeg sier dere ikke at jeg skal be Faderen for dere. For Faderen selv elsker dere, fordi dere har elsket meg og trodd at jeg er utgått fra Gud. Jeg er utgått fra Faderen og er kommet til verden. Jeg forlater verden igjen og går til Faderen. Hans disipler sa: Se, nå taler du fritt ut, og sier ingen lignelse! Nå vet vi at du vet alt, og du har ikke brukt for at noen spør deg. Derfor tror vi at du er utgått fra Gud. Jesus svarte dem: Nå tror dere? Se, det kommer en time, og den er alt kommet , da dere alle skal bli spredt, hvert til sitt, og la meg være alene. Men jeg er ikke alene, for Faderen er med meg. Dette har jeg talt til dere for at dere skal ha fred i meg. I verden har dere trengsel. Men vær frimodige! **Jeg har overvunnet verden.''**
(Johannes 16:25-33)

Verden: Gresk; kosmos; har grunnbetydningen "det som er ordnet", "pryd", "smykke".

Når Gud Allmektige skapte verden, så så han at det var "godt"

''Da sa Gud: Bli lys! Og det ble det. Og Gud så at lyset var godt, og Gud skilte lyset fra mørket. Gud kalte lyset dag, mørket kalte han natt. Og det ble aften, og det ble morgen første dagen.'' (1 Mosebok 1:3-5)

Og slik fortsatte han til den sjette dagen.

"Og Gud så alt det han hadde gjort, og se, det var overmåte godt. Og det ble aften og det ble morgen, sjette dagen." (1 Mosebok 1:31)

Slik "ordnet" Gud alt, en ren orden, helt til syndefallet kom, med syndefallet, kom kaos. Et kaos, regjert av djevelen, satt i system. En kopiert "orden", laget til forfall og ikke til oppbyggelse.

"Han elsker rettferd og rett, jorden er full av hans miskunnhet. Himlene er skapt ved Herrens ord, og all deres hær ved hans munns åndepust. Han samler havets vann som en dynge, han legger de dype vann i forråds hus. La all jorden frykte for Herren, og alle dem som bor i verden, leve for ham! For han talte, og det skjedde. Han bød, og det stod der. Herren omstyrter hedningenes råd, han gjør folkenes tanker til intet. Herrens råd står fast for evig, hans hjertes tanker fra slekt til slekt."
(Salme 33:5-11)

KAPITTEL 6

DE KOMPROMISSLØSE

De som "henretter" uten og blunke.

De som brant mennesker på bålet, for å holde seg selv
"varme".
De som forfulgte "alle" i Jesu navn!

Fariseerne og de skriftlærde, forløperne til moderne tids
doktrine makere.
Vi går ikke på kompromiss, sa de skriftlærde, og korsfestet Jesus Kristus, og forfulgte den første menighet.

Bibelen sier:
''Den ble gjort til intet på den dag. Og slik **skjønte** (Hebraisk; jada; betyr; kjenne, erkjenne, vite) de usleste av
fårene, de som aktet på meg, at det var Herrens ord. Deretter sa jeg til dem: Om dere så syntes, så gi meg min
lønn, men hvis ikke, så la det være! Så veide de opp til
meg min lønn, tretti sølvpenger. Da sa Herren til meg:
Kast dem bort til pottemakeren, den herlige pris som jeg

er aktet verd av dem! Og jeg tok de tretti sølvpengene og
kastet dem inn i Herrens hus til pottemakeren.''
(Sakarja 11:11-13)

''Og yppersteprestene og de skriftlærde prøvde å finne ut
hvordan de kunne få ryddet Jesus av veien. De fryktet
nemlig for folket. Da fór satan inn i Judas, med tilnavnet
Iskariot, han som var en av de tolv. Han gikk av sted og
talte med yppersteprestene og høvedsmennene om hvor-
dan han skulle forråde Jesus til dem. Da ble de glade, og
de ble enige med ham om å gi ham penger. Han godtok
tilbudet, og søkte en anledning til å forråde ham til dem
når ikke folkemengden var til stede.'' (Lukas 22:2-6)

Hyklerne som hadde djevelen til Far, som gav sølvpeng-
er til de som kjøpte kompromisser for en "billig" penge.
Ingenting er gitt gratis, alle er nødt til å betjene noen ,
ingen går alene, og det er ikke hodet ditt som er sjefen.
Ble du skuffet nå? Vel det vil bli verre!

Når du setter øynene dine på steder du ikke skulle se, så
blir du det du ser. Når du laster ned det du vil, tatt ut av
sammenhengen, så kan plutselig religiøsiteten komme å
ta deg.
Også snakker vi som om dette var fortid!

Hva med de idag, som allerede har bestemt seg, besluttet
å holde fast på det de har besluttet. De som klikker "Li-
ker" på det andre skriver såfremt det passer inn i deres
"egne" doktriner, og som er overbeviste om det de har

fått er sant.

''Dette har jeg talt til dere for at dere ikke skal ta **anstøt**.
De skal utstøte dere av synagogene. Det kommer en tid
da hver den som slår dere ihjel, skal tro at han gjør Gud
en dyrkelse.'' (Anstøt: Gresk; skandalizo; legge anstøt,
føre til fall, friste til fall). (Johannes 16:1-2)

Og de som ikke er enige, skjeller hverandre ut, fra grøf-
tene de ligger i.

**Og dette skal de gjøre fordi de ikke kjenner Faderen
og heller ikke meg.** (Johannes 16:3)

Ingen som går midt i veien, midt i lyset lenger!

''Jesus sa til ham: Jeg er veien og sannheten og livet.
Ingen kommer til Faderen uten ved meg.''
(Johannes 14:6)

''Og dette er dommen, at lyset er kommet til verden, og
menneskene elsket mørket fram for lyset, for deres gjer-
ninger var onde.'' (Johannes 3:19)

De som tror at når de blir forfulgt, gjør de det som er rett,
og ikke ser latterlig gjørelsen rundt nest hjørne.
De som planter sin egen menighet, et eller annet sted,
utbasunerer sin doktrine, uten å ha spurt først.
Hyrde som fårene ikke kjenner, som løper når de rebels-
ke har fått "nok". Når de rebelske vulkaniserer seg.

Er argumentene gode nok, så forlater hyrden åstedet.

Ve den dårlige hyrden, som forlater fårene!
"Send over hans arm og over hans høyre øye! Hans arm skal visne bort, og hans høyre øye skal utslokkes."
(Sakarja 11:17)

Jesus er den gode hyrde.
"Jeg er døren. Om noen går inn gjennom meg, skal han bli frelst. Og han skal gå inn og gå ut og finne føde.
Tyven kommer bare for og stjele å myrde og ødelegge. Jeg er kommet for at de skal ha liv og ha overflod. Jeg er den gode hyrde. Den gode hyrde setter sitt liv til for fårene. Men den som er leiekar og ikke hyrde, den som ikke eier fårene, forlater fårene og flykter når han ser ulven komme. Og ulven røver dem og jager dem fra hverandre. For han er leiekar og har ingen omsorg for fårene. Jeg er den gode hyrde. Jeg kjenner mine (Kjenne: Gresk; ginosko; vite, forstå, erkjenne), og mine kjenner meg, likesom Faderen kjenner meg, og jeg kjenner Faderen. Jeg setter mitt liv til for fårene." (Johannes 10:9-15)

KAPITTEL 7

GUDSFRYKTENS HEMMELIGHET

Vår Messias Jesus Kristus.

"Og det må alle **bekjenne**, (Kjenne, erkjenne, forstå) stor er den gudsfryktens hemmelighet: Gud **åpenbaret** (Gresk; faneroo; åpenbare; cise; åpenbaring: Grunntekstens ord for åpenbaring betyr å avdekke noe som har vært skjult, som har grunnbetydningen "komme til syne") i kjød, rettferdiggjort i ånd, sett av engler, forkynt blant folkeslag, trodd i verden, opptatt i herlighet." (1 Timoteus 3:16)

Når jeg ser mitt ego uten speil, når jeg løfter mitt ansikt til åsyn for Ham. Når jeg erkjenner at begjæret er en trussel, og utilgivelse er et hinder. Når du innser at bitterheten i deg, har blitt en del av aldringsprossen, når ansiktet har blitt som en åpen bok, ikke bare for alle andre. Å se seg selv er fantastisk smertefullt, uten unnskyldninger, ingen bortforklaringer. Å se treet til kunnskap visne bort, hovmodets kunnskap, erkjennelsen, det "du ville ha", vil du lenger ikke ha. Du ønsker å gjøre noe nytt, forandring fryder, et valg, et standpunkt kan være farlig, hvis du velger feil retning. Så kom ordet, omvendelse: Omvendelse, består av anger og tro, anger og brudd med synden og tro på evangeliet om syndsforlatelsen og et nytt liv i Kristus.

Når det tales om omvendelse i Det Nye Testamentet, brukes dels verbet; epistrefo, som i utgangspunktet har rent konkret betydning, "vende seg", "vende tilbake", dels verbet: metanoeo, som i gresk profansk betyr "erkjenne etterpå" med bibetydning "for sent", "forandre sinn", "angre", "gjøre bot".

Befrielse fra fangenskap.

Herren trøster og leder sitt folk. Messias kommer!
''Trøst, trøst mitt folk! sier deres Gud. Tal vennlig til Jerusalem og rop til henne at hennes strid er endt, at hennes skyld er betalt, at hun av Herrens hånd har fått dobbelt for alle sine synder. Hør, det er en som roper: Rydd i ørkenen vei for Herren! Gjør i ødemarken en jevn vei for vår Gud! Hver dal skal heves, og hvert fjell og hver haug skal senkes, det bakkete skal bli til slette, og hamrene til flatt land. Herrens herlighet skal åpenbares, og alt kjød skal sammen se at Herrens munn har talt. Hør, det er en som sier: Rop! Og en annen svarer: Hva skal jeg rope? - Alt kjød er gress, og all dets herlighet som blomst på marken. Gresset blir tørt, blomsten visner når Herrens ånde blåser på det. Ja, sannelig, folket er

gress. Gresset blir tørt, blomsten visner. Men vår Guds ord står fast til evig tid. Stig opp på et høyt fjell, du Sions gledesbud! Oppløft din røst med kraft, du Jerusalems gledesbud! Rop høyt, frykt ikke! Si til Judas byer: Se, der er deres Gud! Se, Herren Herren kommer med velde, og hans arm **råder** (Hebraisk; mashal; herske).

Se, hans lønn er med ham, og hans gjengjeldelse går foran ham. Som en hyrde skal han vokte sin hjord. I sin arm skal han samle lammene, og ved sin barm skal han bære dem. De får som har lam, skal han lede. Hvem har målt vannene med sin hule hånd og målt ut himmelen med sine utspente fingrer og samlet jordens muld i skjeppe og veid fjell på vekt og hauger i vektskåler? Hvem har målt Herrens Ånd, og hvem lærer ham som hans rådgiver? Hvem har han rådført seg med, så han ga ham forstand og opplyste ham om den rette veien, og ga ham kunnskap og lærte ham å kjenne visdommens vei? Se, folkeslag er som en dråpe i et spann, som et støv-grann i en vektskål er de aktet. Se, øyene er som det fine støvet han lar fare til værs. Libanon forslår ikke til bren-sel, og dets dyr forslår ikke til brennoffer. Alle folkene er som intet for ham, som ingenting og bare tomhet er de aktet av ham. Hvem vil dere da ligne Gud med? Hva for et bilde vil dere sette ved siden av ham? Gudebildet er støpt av en mester, en gullsmed kler det med gull, og han støper sølvkjeder til det. Den som ikke har råd til en slik gave, han velger tre som ikke råtner. Han søker seg en kyndig mester for at han skal få i stand et bilde som står støtt. **Skjønner** (Hebraisk; kjenne, kunnskap) dere ikke? Hører dere ikke? Er det ikke kunngjort for dere fra først av? Har dere ikke forstått jordens grunnvoller? Han er jo den som troner over den vide jord. Og de som bor på den, er som gresshopper. Han er den som bredte ut himmelen som et tynt teppe og utspente den som et telt til å bo i. Han gjør fyrster til intet, jordens dommere til **ingenting.** (Hebraisk; tohu; uformet, ørken)

Knapt er de plantet, knapt er de sådd, knapt har deres stamme slått rot i jorden, før han har blåst på dem så de ble tørre, og en storm fører dem bort som strå. Hvem vil dere da ligne meg med, så jeg skulle være ham lik? sier Den Hellige. Løft øynene mot det høye og se: Hvem har skapt alt dette? Han er den som fører deres hær ut i fastsatt tall, og som kaller dem alle ved navn. På grunn av hans veldige kraft og hans mektige styrke savnes ikke én. Hvorfor vil du si, Jakob, og tale slik, Israel: Min vei er skjult for Herren, og min Gud bryr seg ikke om min rett?

Vet (Hebraisk; kjenne, kunnskap) du det ikke, eller har du ikke hørt det? Herren er den evige Gud som skapte jordens ender. Han blir ikke trett, han blir ikke utmattet, hans forstand er uransakelig.

Han gir den trette kraft, og den som ingen krefter har, gir han stor styrke. Gutter blir trette og utmattet, og unge menn snubler. Men de som venter på Herren, får ny kraft. De løfter vingene som ørner. De løper og blir ikke utmattet, de går og blir ikke trette.'' (Jesaja 40:1-31)

Fart+vegg= Kræsj.

Når vi akselerer, når motor er kraftigere enn luftmotstand, når farten øker, uten "speed limit." Når vi flyr avsted, så tiden nesten står stille, hvor ingen kan ta oss igjen, og slik må vi fortsette, så vi ikke blir innhentet, og farten blir dyr som koster. Det er ikke morsomt, før det blir dyrt, var det en som sa.

Og de som trodde "Made in China" ville gjøre det bedre. Alt er blitt så dyrt, sa han som ikke engang vet prisen på 1 kilo ris i Asia.
Så var gullalderen over! Hvor meget ble det for en unse?, ble det spurt forsiktig.

Hva med Albert Einstein, som kan dette om fart og tid?
Selv med sine nøye kalkulasjoner, virker det hele ikke helt etter planen. Hvem sa at dette var enkelt!
Å stoppe opp, gjør vi ikke, det er gjort **før,** som de som **seilte** skipslasten sin for siste gang.
Kullet som tok "rotta" på dem. La oss gjøre som dem sier, og se hvor det ender.

Fallet til den store Babylon.
''Deretter så jeg en annen engel stige ned fra himmelen. Han hadde stor makt, og jorden ble opplyst av hans herlighet. Han ropte med sterk røst og sa: Falt, falt er Babylon den store! Den er blitt et tilholdssted for onde ånder - et fengsel for hver uren ånd, og et fengsel for hver uren og hatet fugl. For av hennes **horelivs** (Gresk; porneia; hor, betegner handlingen under synspunkt av utukt, løsaktighet) vredesvin har alle folk drukket. Kongene på jorden har drevet hor med henne, og

kjøpmennene på jorden er blitt rike av hennes overdådige vellevnet. Og jeg hørte en annen røst fra himmelen si: **Kom ut fra henne,** mitt folk, for at dere ikke skal ha del i hennes synder, og for at dere ikke skal få del i hennes plager! For hennes synder når like til himmelen, og Gud har kommet i hu hennes urettferdige gjerninger. Gi henne **igjen** (Gresk; apodidomi, gi gjengjeld) som hun har **gitt!** (Gresk; apodidomi, gi gjengjeld). Gjengjeld henne dobbelt etter hennes gjerninger! Skjenk henne dobbelt i det begeret hun selv har fylt! Så mye som hun har **opphøyet** (Gresk; doxaxo; herliggjøre i ære, herlighet, glans, skinn, berømmelse, anseelse) seg selv og levd i overflod, så mye skal dere gi henne av pine og sorg. Fordi hun sier i sitt hjerte: Jeg sitter som dronning og er ikke enke, sorg skal jeg aldri se! - derfor skal hennes plager komme på én dag: død og sorg og hungersnød. Hun skal bli oppbrent med ild.

For sterk er Gud Herren, som dømte henne. Kongene på jorden, de som har drevet hor med henne og levd i overdådighet med henne, skal gråte og jamre seg over henne, når de ser røken fra hennes brann. Av frykt for hennes pine står de langt borte, og de skal si: Ve, ve du store by Babylon, du mektige by! På én time er din dom kommet. Og kjøpmennene på jorden skal gråte og sørge over henne, fordi ingen mer kjøper deres skipslaster, skipslaster av gull og sølv og edelsteiner og perler, av fint lin og purpur og silke og skarlagen, all slags velluktende tre og all slags kar av elfenben og all slags kar av kostelig tre og av kobber og jern og marmor, og kanel og salveolje

og røkelse og myrra og virak, og vin og olje, fint mel og
hvete, storfe og sauer, hester og vogner, treller og men-
neskesjeler. Og den frukten som din sjel hadde lyst til, er
blitt borte for deg. All glans og glitter er blitt **borte**
(Gresk; apollumi; ødelegge, gå fortapt) for deg. Og aldri
mer skal det finnes. De som handler med slikt, de som er
blitt rike ved henne, skal stå langt borte i redsel for hen-
nes pine, gråtende og sørgende, og si: Ve, ve den store
byen! Du som var kledd i fint lin og purpur og skarlagen,
og som lyste av gull og edelsteiner og perler - at så stor
en rikdom er ødelagt på én time! Hver styrmann og hver
skipsfører og alle sjøfolk, og hver den som ferdes på
havet, sto langt borte, og de ropte da de så røken av hen-
nes brann, og sa: Hvem er lik den store byen? De strødde
støv på sine hoder og ropte med gråt og sorg, og sa: Ve,
ve den store byen, hvor alle som har skip i sjøen, er blitt
rike av hennes kostbarheter. For på én time er den lagt
øde!

Fryd deg over den, du himmel, og dere hellige, og dere
apostler og profeter, fordi Gud har holdt dom over den
for dere! Og en mektig engel løftet en stein, som en stor
kvernstein, og kastet den i havet og sa: Slik skal Baby-
lon, den store byen, med ett styrtes ned og aldri finnes
mer. Lyd av harpespillere og sangere og fløytespillere og
basunblåsere - aldri mer skal det høres i deg. Håndverke-
re av alle slag skal aldri bli funnet i deg mer, og lyd av
kvern skal aldri mer bli hørt i deg. Lys av lampe skal
ikke mer skinne i deg. Røst av brudgom og brud skal
aldri mer høres i deg. For dine kjøpmenn var jordens

stormenn, og alle folk ble ført vill ved din trolldom. I
denne byen ble funnet blod av profeter og hellige og av
alle dem som er blitt myrdet på jorden.''
(Johannes Åpenbaring 18:1-24)

De viste ikke hva de gikk til, ikke ville de vite det heller,
advart eller ikke. Advare, da har i hvert fall vi gjort job-
ben vår. Blod på hendene er ikke noe særlig.

Esekiel kalles til vekter.
''Men sju dager var gått, kom Herrens ord til meg og det
lød slik: Menneskesønn! Til vekter har jeg satt deg for
Israels hus. Når du hører et ord av min munn, så skal du
advare dem fra meg. Når jeg sier til den ugudelige: Du
skal visselig dø! - Og du ikke advarer ham, ikke taler og
advarer den ugudelige for hans ugudelige ferd for å hol-
de ham i live, da skal han, den ugudelige, dø for sin
misgjernings skyld. Men hans blod vil jeg kreve av din
hånd.
Men når du har **advart** den ugudelige, og han ikke om-
vender seg fra sin ugudelighet og fra sin ugudelige ferd,
da skal han dø for sin misgjernings skyld, men du har
reddet din sjel.
Og når en rettferdig vender seg bort fra sin rettferdighet
og gjør urett, så legger jeg en anstøtstein i hans vei - han
skal dø. Når du ikke har advart ham, skal han dø i sin
synd. De rettferdige gjerninger som han har gjort, skal
ikke kommes i hu. Men hans blod vil jeg kreve av din
hånd. Men når du har advart den rettferdige om at han,
den rettferdige, ikke skal synde, og han da ikke synder,

da skal han visselig leve, fordi han lot seg **advare**. Og du har reddet din sjel.'' (Esekiel 3:16-21)

Når det ikke lenger er noe igjen av meg, ikke engang en rest, da er jeg mottagelig!

''Jeg ber om at vår Herre Jesu Kristi Gud, herlighetens Far, må gi dere visdoms og **åpenbarings** (Grunntekstens ord for åpenbaring betyr og avdekke noe som har vært skjult) **Ånd** til **kunnskap** (Gresk; epignosis; erkjennelse) **om seg,** og gi deres hjerter opplyste øyne, så dere kan forstå hvilket håp han har kalt dere til, hvor rik på herlighet hans arv er blant de hellige, og hvor overveldende stor hans makt er for oss som tror, etter virksomheten av hans veldige kraft.'' (Efeserne 1:17-19)

Opplært av den frelsende nåde.
''For Guds nåde er **åpenbaret** (Tilsynekomst; fremstråling) til frelse for alle mennesker. Den opptukter oss til å fornekte ugudelighet og de verdslige lyster, til å leve sedelig og rettferdig og gudfryktig i den verden som nå er, mens vi venter på det salige håp og åpenbaringen av den store Guds og vår frelser Jesu Kristi herlighet. Han som gav seg selv for oss for å løse for seg selv et eiendomsfolk, som med iver gjør gode gjerninger. Tal dette, og forman og irettesett med all myndighet. La ingen forakte deg.'' (Titus 2:11-15)

Så kom åpenbaringens motpart.
Ta grunnleggeren Joseph Smith, som skrev Mormons

bok, det sies at han ble befridd fra et mørkt angrep og at to vesener av ubeskrivelig herlighet og utseende kom ned til ham i en lyssøyle.

Og Islamens og Koranens "far" "mohammed" fikk et møte med "en engel."
De begge fikk åpenbaringer av sine "engler"!
Bemerkelsesverdig, særlig når vi leser i Bibelen, som kom før dem begge, hvem denne lysets engel **er.**

''Og det er ikke noe å undre seg over, for satan selv skaper seg jo **om** (Gresk; metaschematizo; forandre form eller fremtreden, og går på den prosess eller utvikling som omformer **forhold** eller personer) til en **lysets engel!**
Da er det ikke noe stort om også hans tjenere **omskaper** seg til en rettferdighets **tjenere.** Men for dem skal enden svare til deres gjerninger.'' (2 Korinter 11:14-15)

Enda mere merkverdig, de var begge i stadige fysiske konflikter og krigerske.
Verden vil bedras og vi med den, ble det sagt, fra den som egentlig bet seg selv i halen.

Og som våget og si:
Den dummeste mannen er ikke født ennå, og skjøt en innertier på seg selv.

''Uten åpenbaringer blir folket tøylesløst.''
(Ordspråkene 29:18)

Smak med bivirkninger.

"Hele skriften er innåndet av Gud og nyttig til lærdom, til overbevisning, til rettledning, til opptuktelse i rettferdighet, for att menneske kan være fullkomment, satt i stand til all god gjerning." (2 Timoteus 3:16-17)

Så hvis noen får åpenbaringer om noe "mer" eller "mindre" enn det Bibelen sier, eller noe helt annet, for den saks skyld, er på avveier.

Ikke legg til eller trekk fra denne bok!

"Jeg vitner for enhver som hører de profetiske ord i denne bok: Dersom noen legger noe til, da skal Gud legge på ham de plager som det er skrevet om i denne bok, og dersom noen tar noe bort fra ordene i denne profetiske bok, da skal Gud ta bort hans del fra livets tre og fra den hellige stad, som det er skrevet om i denne bok." (Johannes Åpenbaring 22:18-21)

Hadde en bok i bokhylla, som aldri ble lest, bare bladd i.

En bok om dannelse, som handler om hvordan man oppfører og ter seg i "celebrert" selskap.

Etter å ha tatt imot Jesus Kristus som Herre og Frelser, ble det meg åpenbaret at det er djevelen som er dannet.

Han har ikke horn i pannen, sort kappe og røde øyne, eller hale for den saks skyld.

Men er en stilig mann med Armani dress, stresskoffert med gullkanter, som er "god" til å overbevise, som får deg til å underskrive på en kontrakt, som du verken har fred for eller i utgangspunktet ikke hadde **tenkt** å gjøre.

For så å anklage deg og sier: Gud hater løftesbrytere, når du til slutt velger å bakke ut.

Frykt Gud, hold dine løfter!
''Når du gjør **Gud** et løfte, så dryg ikke med å holde det, for han har ikke behag i dårer! Bedre er det at du **ikke lover,** enn at du lover og ikke holder det.''
(Predikantens bok 5:3-4)

Eller han lærer deg til å "ta godt betalt", for så å anklage deg for å være pengekjær.

''Ja Gudsfrykt med nøysomhet er en stor vinning!
For vi hadde ikke noe med oss inn i verden, og det er klart at vi heller ikke kan ta noe med oss herfra. Har vi mat og klær, skal vi la oss nøye med det. Men de som vil bli rike, faller i fristelser og snarer og mange slags dumme og skadelige lyster, som senker menneskene ned i undergang og fortapelse. For pengekjærhet er en rot til alt ondt. I sin lyst etter penger har noen faret vill i troen og har gjennomboret seg selv med mange piner. Men du, Guds menneske, fly bort fra alt dette! Og jag etter rettferdighet, Gudsfrykt, tro, kjærlighet og mildhet.''
(1 Timoteus 6:6-11)

Verden er ikke stor nok, for alle til å utfolde seg!
Det blir sagt: I will live my life on the edge, because then I will not occupay to much space.
(Jeg vil leve på kanten, for da vil jeg ikke okkupere for mye plass). **Hva når "alle" lever på kanten.**

"La deres ferd være fri for pengekjærhet, så dere er fornøyd med det dere har. For han har sagt: Jeg skal ikke slippe deg og ikke forlate deg." (Hebreerne 13:5)

Djevelen "kjenner" sin bibel. Han tror og skjelver, men han vil aldri få åpenbaring om **omvendelse.**

Jesu fristelse.

"Da ble Jesus av Ånden ført ut i ørkenen for å fristes av djevelen. Og da han hadde fastet i førti dager og førti netter, ble han til sist sulten. Og fristeren kom til ham og sa: Er du Guds sønn, så si at disse steiner skal bli til brød!

(Salme 2:7). Men Jesus svarte og sa: Det står skrevet: Mennesket lever ikke av brød alene, men av hvert ord som går ut av Guds munn. Da tok djevelen ham med seg til den hellige stad, og stilte ham på templets tinde. Og han sier til ham: Er du Guds Sønn, så kast deg ned! For det står skrevet: Han skal gi sine engler befaling om deg, og de skal bære deg på hendene, for at du ikke skal støte din fot mot noen stein." (Salme 91:11-12)

Jesus sa til ham: Det står også skrevet:

"Du skal ikke friste Herren din Gud. Igjen tok djevelen ham med opp på et meget høyt fjell, og viste ham alle verdens riker og deres herlighet. Og han sa til ham: Alt dette vil jeg gi deg, dersom du vil falle ned og tilbe meg. Da sa Jesus til ham: Bort fra meg, satan! For det står skrevet: Herren din Gud skal du tilbe, og ham alene skal du tjene. Da forlot djevelen ham, og se, engler kom og tjente ham." (Matteus 4:1-11)

"Da jeg så ikke kunne holde det ut lenger, sendte jeg bud for å få vite hvordan det stod til med deres tro, om fristeren skulle ha fristet dere, slik at vårt arbeid ble forgjeves." (1 Tessaloniker 3:5)

Så etter en lang oppsummering, får vi sluttsummen.

"Jesus svarte: Sannelig, sannelig sier jeg deg: Uten at en blir født av vann og Ånd, kan han ikke komme inn i Guds rike. Det som er født av kjødet, er kjød, og det som er født av Ånden, er Ånd. Undre deg ikke over at jeg sa til deg: Dere må bli født på ny!

Vinden blåser dit den vil. Du hører den suser, men du vet ikke hvor den kommer fra og hvor den farer hen.

Slik er det med hver den som er født av Ånden."

(Johannes 3:5-8)

KAPITTEL 8

NEDERLAGET VED AI

"Men Israels barn handlet troløst med det bannlyste godset. Akan, sønn av Karmi, som var sønn av Sabdi og sønnesønn av Serah, av Judas stamme, tok noe av det som var bannlyst. Da ble Herrens vrede opptent mot Israels barn. Fra Jeriko sendte Josva noen menn til Ai, som ligger ved Bet-aven, østafor Betel, og han bad dem å dra opp og utspeide landet. Så drog mennene opp og utspeidet Ai. Da de kom tilbake til Josva, sa de til ham: La ikke hele folket dra dit opp! Omkring to eller tre tusen mann kan dra opp og ta Ai. Du trenger ikke å umake hele folket ditt, for de er **ikke mange.** Så drog da omkring tre tusen mann av folket dit opp. Men de flyktet for mennene i Ai. Stridsmennene fra Ai slo ihjel omkring trettiseks mann av Israel. De forfulgte dem fra byporten like til steinbruddene og hogg dem ned i bakken. Da ble folkets hjerte grepet av angst, og ble som vann. Da **sønderrev** Josva sine klær og falt ned på sitt ansikt til jorden foran

Herrens ark. Der ble han liggende helt til om kvelden, både han og Israels eldste, **og de strødde støv på sitt hode.**

Josva sa: Å Herre, Herre! Hvorfor førte du dette folket over Jordan når du bare ville gi oss i amorittenes hånd og la oss gå til grunne? Gid vi hadde nøyd oss med å bli på den andre siden av Jordan!

Hør meg, Herre! Hva skal jeg nå si, når Israel var vendt sin fiende ryggen? Når Kana`aneerne og alle som bor her i landet får høre om dette, vil de kringsette oss og utrydde vårt navn fra jorden. Hva vil du da gjøre med ditt store navn?

Akans synd avsløres og straffes.

Da sa Herren til Josva: **Reis deg opp!** Hvorfor ligger du her på ditt ansikt? Israel har syndet og brutt min pakt som jeg har opprettet med dem. (**Israel har syndet.** Akans synd forstås som hele folkets synd, for hele folket er en enhet, slik hele **Menigheten** idag er en enhet).

De har tatt av det bannlyste godset. De har stjålet og bedratt, og **de har gjemt det blant sine egne ting.**

Derfor kan Israels barn ikke stå seg mot sine fiender, men må flykte for dem. For de er selv kommet under bann. **Hvis dere ikke skiller dere av med det bannlyste, vil jeg ikke lenger være med dere.** Stå opp! La folket hellige seg! Si til dem at de skal hellige seg til i morgen. For så sier Herren Israels Gud: Det finnes bannlyst gods hos deg, Israel! Du kan ikke stå deg mot dine fiender før dere skiller dere helt av med det bannlyste.''
(Josva 7:1-13)

Israel i går, menigheten i dag!
Vi har gravlagt synden under vårt ståsted, levende, følger deg hvor du enn går, slipper ikke taket, **fordi du vil ha det!**

"For Guds vrede åpenbares fra himmelen over all ugudelighet og urettferdighet hos mennesker som holder sannheten nede i urettferdighet." (Romerne 1:18)

Og menighetens ledere, som påstår de ser, løfter ikke en finger!

"Og ettersom de ikke brydde seg om å eie Gud i **kunnskap** (Gresk; epignosis; erkjennelse) overgav Gud dem til et udugelig **sinn** (Gresk; nous; sinn, forstand, evne til å bedømme. I dette tilfelle ingen evne til å bedømme), så de gjør slikt som ikke sømmer seg. De er fulle av all slags urett, umoral, griskhet, ondskap, fulle av misunnelse, mordlyst og **strid, svik** og **falskhet.** De ble **ryktemakere, baktalere,** gudshatere, voldsmenn, overmodige, storskrytere, oppfinnsomme til ondt, ulydige mot foreldre, **uforstandige, upålitelige,** uten naturlig kjærlighet, ubarmhjertige. De **kjenner** (Epiginosko; kjenne, erkjenne) godt til Guds rettferdige dom, at de som gjør slikt, fortjener døden. Likevel gjør de ikke bare slikt selv, men de holder også med de som gjør det." (Romerne 1:28-32)

Du kan be til krampa tar deg, så lenge det er synd i **menigheten,** vil **ingenting** skje!

Når fruen i "huset" på misjonsstasjonen, bruker vannet de har til blomstene sine, som du ikke kan spise.

Og samtidig iakttar den fattige naboen med resignerte triste øyne, som bare må innse at søtpotetene sine har tørket ut, på nabotomta. Med argumenter om at misjonsstasjonene ikke har nok vann, blir det klart for meg: De som er oss nærmest, er de nærmeste. Menighetsplanterne har ikke lenger Jesus Kristus på skjøtet, men etternavnet sitt, og de oppfører seg som om det er deres.

Så vil nederlaget ved Ai, bli et faktum. Det er bare og legge seg ned, i sekk og aske. Når hovmodet sier: Dette klarer vi, med hodet under armen og armen i bind, kommer vi ikke lenger ut enn døra!

Og "Døper" mennesker i egen kraft, og til slutt blir håndhilst av den religiøse menigheten med: **Velkommen til klubben!** Når du har selvutnevnt kona di, kan det umulig vare.

''Og gjør ikke **Guds Hellige Ånd sorg,** han som dere har fått som segel til forløsningens dag. La all bitterhet og hissighet og sinne og skrål og spott være langt borte fra dere, liksom all slags ondskap. Vær gode mot hverandre, vis barmhjertighet så dere tilgir hverandre, likesom Gud har tilgitt dere i Kristus.''
(Efeserne 4:30-32)

Hvordan kan du ha kjærlighet til naboen uten å ha vannet søtpotetene hans?

"Bli derfor Guds etterfølgere som hans elskede barn, og vandre i **kjærlighet,** liksom også Kristus elsket oss og gav seg selv for oss som en gave og et offer, en vellukt for Gud." (Kjærlighet: Gresk; agape) (Efeserne 5:1-2)

Skal vi sulte med de sultne, eller invitere dem inn til vår overflod?
Når pastoren er borte, danser menigheten på bordet.

Som Josva måtte erfare, når man tar noe for gitt kommer man ikke langt.
Når de blinde ikke ser, når de som ser ikke "går ut", og de som er igjen blir "sausa" full av en doktrine, fra en pastor som lurer på hvorfor "ingenting" skjer!

"Når du gir med ulyst og tvang, la det være for Gud elsker en glad giver." (2 Korinter 9:7)

Jeg **vet** (Hebraisk; jada; kjenne, erkjenne, vite), Herre, at et menneske ikke selv råder sin vei, at det ikke står til vandringsmannen å styre sin gang.
Tukt (Hebraisk: Jasar; oppfostring, tilrette visning) meg Herre, men med **måte** (Hebraisk; nuish path, dom , rettferdig), ikke i din vrede, for at du ikke skal gjøre rent slutt på meg! (Jeremia 10:23-24)

First we take Manhattan, and then we take Berlin, "Leonard Cohen."

Som en verdensborger har jeg prøvd å ta tak i teksten, og

det blir klart for meg. Du kan ikke angripe to steder sam-
tidig, uten strategi.

Verden er full av sangtekster og altfor mange kriger.
Hvis vi er få, få dem til og tro att vi er mange!

"Kongen i Syria lå i krig med Israel. Han rådførte seg
med sine menn og sa: På det og det stedet vil jeg slå leir.
Men Guds mann sendte bud til Israels konge og sa: Vokt
deg! Dra ikke forbi dette stedet!
For syrerne har dratt ned der. Så sendte Israels konge
folk til det stedet som Guds mann hadde nevnt for ham
og advart ham for, og han tok seg i vare der. Dette hend-
te ikke bare en gang, men flere ganger.
Kongen i Syria ble svært urolig over dette. Han kalte
sine menn til seg og sa til dem: Kan dere ikke si meg
hvem det er av våre folk som holder med Israels konge?
Da sa en av hans menn: Det har seg ikke slik, herre
konge. Det er Elisa, profeten i Israel, som åpenbarer for
Israels konge hvert ord du taler i ditt sengekammer.
Han sa: Gå og finn ut hvor han er, så jeg kan sende folk
dit og hente ham! Det ble meldt ham at profeten var i
Dotan.
Da sendte kongen dit hester og vogner og en stor hær.
De kom dit om natten og omringet byen. Da tjeneren til
Guds mann stod opp tidlig om morgenen og gikk ut, fikk
han se at en hær med hester og vogner omringet byen.
Og tjeneren sa til ham: Å, min herre, hva skal vi gjøre?
Han svarte: Frykt ikke! De som er med oss, er flere enn
de som er med dem.

Og Elisa bad og sa: Herre! Åpne øynene hans så han kan se! Og Herren åpnet guttens øyne, og han fikk se at fjellet var fult av hester og vogner av ild rundt Elisa.

Da så syrerne kom ned til ham bad Elisa til Herren og sa: Slå dette folket med blindhet! Og han slo dem med blindhet, som Elisa hadde bedt om. Da sa Elisa til dem: Dette er ikke den rette veien og ikke den rette byen! Følg meg, så skal jeg føre dere til den mannen dere leter etter! Så førte han dem til Samaria.

Da de kom inn i Samaria, sa Elisa: Herre, lat opp øynene deres, så de kan se! Og Herren åpnet øynene deres, og de fikk se at de var midt i Samaria. Da Israels konge så dem, sa han til Elisa: Skal jeg hogge dem ned, min Far? Skal jeg hogge dem ned? Han svarte: Du skal ikke hogge de ned. Hogger du vel ned dem som du gjør til fange med ditt sverd og din **bue*** (*Du dreper ikke engang krigsfanger, og da langt mindre disse).

Sett brød og vann frem for dem, så de kan ete og drikke og så vende tilbake til sin herre!

Kongen gjorde så istand et rikelig måltid for dem, og de åt og drakk. Deretter lot ham dem fare, og de vendte tilbake til sin herre. Siden kom det ikke mer syriske herjeflokker inn i Israels land.'' (2 Kongebok 6:8-23)

Gi dem mat og dårlig samvittighet.

''Sulter din fiende, så gi ham brød og ete. Tørster han, så gi ham vann å drikke! For da sanker du glødende kull på hans hode, og Herren skal gjengjelde deg det.''
(Ordspråkene 25:21-22)

Vi kommer ikke så langt uten åndelig krigføring.
Vi har glemt "kattevasken", hive noe kaldt vann i fjeset
om morgenen, og glemt å senke hode som oksen, klar for
å angripe det røde håndkle til tyrefekteren. Vi tror fred i
hode, er fred med Gud. Så gikk vi plutselig på den brede
vei, og ikke på den smale vei.

Den smale vei.
''Gå inn gjennom den trange port! For vid er den port,
og bred er den vei som fører til fortapelsen, og mange er
de som går inn gjennom den. For trang er den port, og
smal (Gresk; thlibo; få trengsel; som opprinnelig betyr
"knuse", "presse", dernest "gjøre trang smal". I overført
betydning brukes det om livets vanskeligheter og trengs-
ler) er den vei som fører til livet, og få er de som finner
den.'' (Matteus 7:13-14)

Med sverdet brøytet vi ikke bare en sti, men hogg ned
hele skogen. Når vi gir fienden rom, bygger han fort en
by der.

''For selv om vi lever i kjødet, så fører vi ikke vår strid
på kjødelig vis. For våre våpen er ikke kjødelige, men de
er mektige for Gud til å bryte ned festningsverker, idet vi
river ned tankebygninger og enhver høyde som reiser seg
mot **kunnskapen** (Gresk; gnosis; kjenne, erkjenne, å
vite) om Gud, og tar enhver tanke til fange under lydig-
heten mot Kristus. Vi er rede til å straffe all ulydighet,
når bare deres egen lydighet er blitt fullkommen.''
(2 Korinter 10:3-6)

Hodet mitt ble som en hovedstad, tankene kan fort bli arbeidstakere for djevelen, de som bygger byene.

Julen 2007, ankom jeg Manila, hovedstaden i Filippine-ne, innlosjert på et 4 stjerners Hotel, så høyt opp, at du ikke tar trappene. Så høyt opp at du ser ned på mennes-kene, og utsikt over hustakene.
Med panorama utsikt, ser jeg over et stort område. Så får jeg for meg å tenke tilbake i tid, hvor da den ene byg-ningen etter den andre poppes vekk, helt tilbake til urskog. Helt tilbake til da spanjolene med kardinalene fra den katolske kirke på slep, tråde sin fot på Filippinsk jord for første gang. Og blir forundret over hvor stor plass tankebygninger får, og hvilken konsenkvenser det fikk.

Logisk - logistikk.
Er du som en av meg, så ble det vel litt for mye allerede. Mitt hode er ikke i stand til å ta imot for meget.
Å skrive en bok, er et mirakel, å la andre gjøre "jobben", er det beste. Å gå er ikke det værste, men å bestemme seg for å gjøre det.

Logisk.
Som hører til eller stemmer med logikken. **Logikk** (Av gresk; "fornuft") vitenskap i grense område mellom filo-sofi og matematikk. Utforsker de regler, prinsipper og begreper som ligger til grunn for korrekte og holdbare resonnementer, slutninger og bevisførsler. Aristoteles regnes som logikkens grunnlegger.

Treet til kunnskap, Om logikk om du vil.

Logistikk.
(Av fransk) materialadministrasjon i en produksjonsbedrift, beregning og organisering av militær forsynings og transporttjeneste, **innbefatter alt som må tilføres styrkene for å opprettholde deres kampevne.**
Har nesten latt meg friste til å si at logistikk mennesker umulig kan være: Født på ny!
Men med å dobbeltsjekke ordet kommer innrømmelsen. Siden ordet er relatert til krigføring, så er det ytterst viktig, siden vårt kristenliv, har stort sett å gjøre med Åndelig Krigføring!

Alt starter i hode, skadeskutte sjeler, som gikk ut i krigen. Og som glemte å kle på seg!

De troendes kamp i Guds fulle rustning.
''For øvrig: Bli sterke i Herren og i hans veldige kraft!
Ta på dere Guds fulle rustning, så dere kan holde stand mot djevelens listige angrep. For vi har ikke kamp mot kjøtt og blod, men mot maktene, mot myndighetene, mot verdens herskere i dette mørke, mot ondskapens åndehær i himmelrommet. Ta derfor Guds fulle rustning på, så dere kan gjøre motstand på den onde dag og bli stående etter å ha overvunnet alt. Stå da ombundet med sannhetens belte om livet og vær iført rettferdighetens brynje. Ha sko på føttene den beredskap som fredens evangelium gir. Grip framfor alt troens skjold, som dere kan slokke alle den ondes brennende piler med.

Ta frelsens hjelm og Åndens sverd, som er Guds ord. Be til enhver tid i Ånden med all bønn og påkallelse.'' (Efeserne 6:10-18)

KAPITTEL 9

SANSENE

Følelsene.

Den rotfylte ydmykheten.

Hvem rotfylt ydmykheten?
En tann full av nerver, en nerve er en mottaker for smerte, en smerte er en sans koblet til følelser, følelser er koblet til vår hjerne. Vår hjerne gir oss et "hint" om smerten, og det hele er over på brøkdelen av et sekund, bortsett fra smerten som har rotfestet seg. Resten overlater jeg til en tannlege, og hans **kunnskap** om tenner.

Ingen skal komme å fortelle meg, hvor vondt jeg har det. Ingen skal fortelle meg, at jeg ikke skal stole på følelsene mine, nerver kan man jo ta å **føle** på. Jeg ser verden ut ifra det ståstedet jeg står, ingen skal komme å fortelle meg noe annet. Løgnen er subjektiv for den subjektive, slik løgnen er objektiv for den objektive.
Filosofi på høyplan, en nerve i høyspenn, smerten over

en lav terskel.

Så plugger vi ut tilkoblingen, rotfyller den smertsomme ydmykheten, og slenger bibelvers i fjeset på hverandre, og glemte at vi skulle snu det andre kinnet til.

Bergprekenen av Jesus.
''Dere har hørt det er sagt: Øye for øye, og tann for tann! Men jeg sier dere: Sett dere ikke imot den som gjør ondt mot dere. Om noen slår deg på høyre kinn, så vend også det andre til. Vil noen føre sak mot deg for å ta din kjortel, så la ham også få kappen! Om noen tvinger deg til å følge ham én mil, da gå to med ham! Gi til den som ber deg, og vend deg ikke bort fra den som vil låne av deg. Dere har hørt det er sagt: Du skal elske din neste og hate din fiende! Men jeg sier dere: Elsk deres fiender, velsign dem som forbanner dere, gjør vel imot dem som hater dere, og be for dem som forfølger dere, for at dere kan bli barn av deres Far i himmelen.'' (Matteus 5:38-45)

Om man skal slå en annen på høyre kinn, må man i alminnelighet slå med høyre bakhånd. Et slikt slag ble av jødene betraktet som særlig fornærmende (fornærmelig).

Argumentene sitter løst, vinn deg en venn med å tie, eller kjøp deg en hund.

Så hvem rotfylte ydmykheten, jeg bare spør?

Øynene.

Øyne med erfaring, ser et angstfullt ansikt, det bærer meg innover til det mørket som er der, tomhet og meningsløshet rår. Alt som var gitt, var tatt bort, går ikke lenger i søvne, angst for alt som ikke kan taes på, et "moderne" helvete!

''Hvem er da den tro og kloke **tjener** (Gresk; doulos; trell, tjener) som hans herre har satt over sine tjenestefolk for at han skal gi dem mat i rett tid? Salig er den tjener som hans herre finner i ferd med å gjøre dette, når han kommer! Sannelig sier jeg dere: Han skal sette ham over alt han eier! Men dersom den onde tjener sier i sitt hjerte: Det varer lenger før min herre kommer! Og han så gir seg til å slå sine medtjenere, og eter og drikker med drankere, da skal tjenerens herre komme en dag han ikke venter det, og en time han ikke tenker. Og han skal hogge ham i sønder og gi ham hans del med hyklerne. **Der skal de gråte og skjære tenner.**''

(Matteus 24:45-51) (Gråte og skjære tenner: Uttrykket er hos Matteus en fast omskriving for helvete)

Du vet, for du har vært der selv, mens de "andre" som "skuer hunden på håret", bare lar det skure å gå.

Empati begynner med øynene, og slutter med handling.

Hvorfor ikke bare si: Jesus elsker deg!

''Øyet er legemets lys. Er ditt øye friskt, da vil hele ditt legeme være opplyst. Men om ditt øye er sykt, da blir hele legeme mørkt. Er nå selve lyset i deg mørke, hvor dypt blir da mørket!'' (Matteus 6:22-23)

Hørselen.
Du sitter på din balkong, så brytes stillheten med flydur, hvis du lar irritasjonen vike, og heller lar hørselen følge lyden. Den bærer deg opp til en høyde, en usynlig tornado søyle, rett inn i en jetmotor, til en pilot som har full kontroll. Fra "ustabile" sydenturister, til business mennesker. Forventningsfulle skilsmissebarn, som ikke har sett sin far på lenge, og sånn kan jeg fortsette. Fra hørsel til tanke, og bryte lydmuren trenger ikke være anstrengende, har vi ører til å høre dem, kan vi gjøre det som er rett, og ikke forbigå seg selv!

''Alle dem jeg elsker, dem **refser** (Gresk; elengcho; overbevise) **tukter** (Gresk; paideo; oppdra, tukte) jeg.
Derfor, ta det alvorlig og omvend deg. Se, jeg står for døren og banker. Om noen hører min røst og åpner døren, da vil jeg gå inn til ham og holde nattverd med ham, og han med meg. Den som seirer, ham vil jeg gi å sitte med meg på min trone, likesom jeg og har seiret og har satt meg med min Far på hans trone. Den som har øre, han høre hva Ånden sier til **menigheten.**''
(Gresk; ekklesia; menighet, forsamling)
(Johannes Åpenbaring 3:19-22)

Smak.
Smak kan smake vondt, hvor kom den fra tro. Kan du følge smak?

En kokkekunstner kan, han følger aromaer hele verden rundt, til eksotiske steder, kulturer vi knapt kjenner, uten arroganse, kan han reise langt. Han kan bli stoppet i tollen, for noe som smakte godt, hvor boten smakte mer enn varen. Og så stopper vi der, hvor han som er fornøyd, bare han har salt i maten.

Smakløst salt er verdiløst.
''For hver og en skal saltes med ild, og hvert offer skal saltes med salt. Salt er en god ting. Men hvis saltet mister sin kraft, hva vil dere så salte det med?
Ha salt i dere selv og hold fred med hverandre!''
(Lukas 14:34-35)

Luktesansen.
Hvor er luktesansen i dag, annet enn hos snushaner og sladrehanker. Lukten er "likesom" ikke tilstedeværende, før du reagerer, kjøpt noe som har gått ut på dato, og sier: Lenge siden sist!
Hvem har ikke stått med neseborene oppunder armhulen til en uvasket mann, hvor nå det måtte være. Skremselspropaganda for såpe gigantene. Lukt er et varsel, før du må amputere, før Lasarus ble vekket til live igjen av Jesus.

Jesus oppvekker Lasarus.
''Det var en mann som var syk, Lasarus fra Betania, byen som Maria og hennes søster Marta bodde i. Det var Maria som salvet Herren med salve og tørket føttene hans med sitt hår. Det var hennes bror, Lasarus, som var

syk. Søstrene sendte nå bud til ham og sa: Herre! Se, han som du elsker , er syk. Men da Jesus hørte det, sa han: **Denne sykdommen er ikke til døden, men til Guds ære, for at Guds sønn skal bli æret ved den.** Jesus els-ket Marta og hennes søster og Lasarus. Da han nå hørte at han var syk, ble han likevel enda to dager på det stedet der han var. Da først sier han til disiplene: La oss dra tilbake til Judea. Disiplene sa til ham: Rabbi, nylig prøv-de jødene å steine deg, og du drar dit igjen? Jesus svarte: er det ikke tolv timer i en dag? **Den som vandrer om dagen , snubler ikke, for han ser denne verdens lys. Men den som vandrer om natten, han snubler fordi lyset ikke er i ham.** Dette talte han. Deretter sier han til dem: Vår venn Lasarus er sovnet inn, men jeg går for å vekke ham. Disiplene sa da til ham: Herre, hvis han er sovnet, da blir han frisk igjen. Jesus hadde talt om hans død, men de tenkte at han talte om vanlig søvn. Da sa Jesus **rett ut til dem:** Lasarus er død! (Gresk; parremia; frimodighet) og for deres skyld er jeg glad at jeg ikke var der, for at dere skal tro. Men la oss gå til ham! Tomas, han som ble kalt tvilling, sa da til sine med-disipler: La oss gå med, også vi, så vi kan dø sammen med ham! Da nå Jesus kom fram, fant han at Lasarus allerede hadde ligget fire dager i graven. Betania ligger nær ved Jerusa-lem, omtrent femten stadier borte. Og mange av jødene var kommet til Marta og Maria for å trøste dem i sorgen over deres bror. Da Marta nå fikk høre at Jesus kom, gikk hun for å møte ham. Men Maria satt hjemme i hu-set. Marta sa da til Jesus: Herre, hadde du vært her, da var min bror ikke død! Men også nå vet jeg at alt det du ber Gud om, vil Gud gi deg. Jesus sier til henne: Din bror skal oppstå! Marta sier til ham: Jeg vet at han skal oppstå i oppstandelsen på den siste dag. **Jesus sa til henne: Jeg er oppstandelsen og livet. Den som tror på meg , skal leve om han enn dør.** Og hver den som lever og tror på meg, skal aldri i evighet dø. Tror du dette? Hun sier til ham: Ja, Herre! Jeg tror at du er Messias, Guds Sønn, han som skal komme til verden. Da hun hadde sagt dette, gikk hun og kalte i stillhet på sin søster Maria, og sa: Mesteren er her og kaller på deg. Da hun hørte det, stod hun fort opp og gikk til ham. Jesus var ennå ikke kommet inn i landsbyen, men var på det sted hvor Marta hadde møtt ham. Da nå de jødene som var hjemme hos Marta for å trøste henne, så at hun brått reiste seg og gikk ut, fulgte de etter. De tenkte at hun ville gå til graven for å gråte der. Da nå Maria kom dit hvor Jesus var, og fikk se ham, falt hun ned for hans føtter og sa til ham: Herre, hadde du vært her, da var min bror ikke død! Da nå Jesus så henne gråte, og så de jødene gråte som var kommet sammen med henne, ble han **opprørt i sin ånd** og rystet. Og han sa: Hvor har dere lagt ham? De sier til ham: Herre, kom og se! Jesus gråt. Jødene sa da: Se hvor han elsket ham! Men noen av dem sa: Kunne ikke han som har åpnet den **blindes øyne,** også ha gjort det slik at denne mannen ikke var død? Jesus ble da igjen **opprørt** i sitt indre. Han kom til graven. Det var en hule, og en stein lå foran den. Jesus sier: Ta steinen bort! Marta , den dødes søster, sier til ham: Herre, han **stinker** allerede, for han har ligget der fire dager. Jesus sier til henne: Sa jeg ikke at dersom du tror, skal du se Guds herlighet? De tok da steinen bort. Jesus løftet sine øyne mot himmelen og sa: Far, jeg takker deg fordi du har hørt meg. Jeg visste jo at du alltid hører meg, men for folkets skyld som står omkring meg, sa jag det, for at de skal tro at du har sendt meg. Og da han hadde sagt dette, ropte han med høy røst: Lasarus, kom ut! Da kom den døde ut, ombundet med liksvøp på føtter og hender, og om hans ansikt var bundet en svetteduk. Jesus sier til dem: Løs ham og la ham gå!'' (Johannes 11:1-44)

Lukten av død skremmer. Av jord er du kommet og til jord skal du bli.
Og i mellomtiden lukter du. Råtenskap og urettferdighet, lukter ikke, men vi reagerer likevel, men som sagt, siste som lukter sin dårlige ånde, **er en selv.**

Enhet og mangfold i ett legeme.

''For likesom legemet er ett og har mange lemmer, men alle legemets lemmer er ett legeme, enda de er mange, slik er det også med Kristus. For med èn Ånd ble vi alle døpt til å være ett legeme, enten vi er jøder eller grekere, treller eller frie. Og vi har alle fått én Ånd å drikke. Legemet er jo heller ikke ett lem, men mange. Om foten skulle si: Fordi jeg ikke er hånd, hører jeg ikke med til legemet! Så hører den like fullt med til legemet. Om øret skulle si: Fordi jeg ikke er øye, hører jeg ikke med til legemet! Så hører det like fullt med til legemet. Dersom hele legemet var øye, hvor ble det da av **hørselen?** (Gresk; akoe; hørelse). Hvis det hele var hørsel, hvor ble det da av **luktesansen?** Men satte Gud lemmene, hver enkelt av dem, på legemet, slik som han ville. Om de alle var ett lem, hvor ble det da av legemet? Men nå er det mange lemmer, men ette legeme. Øyet kan ikke si til hånden: Jeg trenger deg ikke! Eller hodet til føttene: Jeg har ikke bruk for dere! Men tvert imot: **De lemmer på legemet som synes å være de svakeste, de er nødvendige.** De lemmer som vi synes er mindre ære verd, dem kler vi med desto større ære, og dem som vi blyges ved, kler vi med desto større bluferdighet. Våre edlere lemmer trenger ikke til dette. Men Gud satte legemet slik sammen at han gav det ringeste størst ære, for at det ikke skal være **splittelse** i legemet, men lemmene ha samme omsorg for hverandre. Om ett lem lider, da lider alle lemmene med. Og om ett lem blir hedret, da **gleder** alle lemmene seg med. Dere er Kristi legeme, og hver for seg hans lemmer. Og Gud **satte i menigheten** (Gresk; ekklesia, menighet, forsamling. Nye testamentet bruker begrepet "menighet" både i konkret betydning om en lokal menighet og omfattende om den universelle menighet, alt Guds folk på alle steder og til alle tider.) først noen til apostler, for det andre profeter, for det tredje lærere, dernest kraftige gjerninger så nådegaver til å helbrede, til å hjelpe, til å styre, og ulike slags tunger. Er vel alle apostler? Er vel alle profeter? Er vel alle lærere? Gjør vel alle kraftige **gjerninger?** (Gresk; dynamis, kraft). Har vel alle nådegaver til å helbrede? Taler vel alle med tunger? Kan vel alle tyde dem? Men **streb** etter de beste nådegaver! **Og jeg vil vise dere en enda bedere vei.''** (1 Korinter 12:12-31)

KAPITTEL 10

NARSISSISME

"Å grina er det finaste eg veit", var det ei i et skuespill som sa. Å gråte, har hele spekteret, fra dyp sorg, til narsistiske krokodilletårer. Som da melankolien tok, og tristheten som gav meg angst, når du tror at du er den eneste som vil dø, vekk fra alt. Som da jeg søkte en menighet for trøst, å være i en "synd på meg selv dimensjon", helt til pastoren intervjuer en blind ung kvinne som var operert for kreft/svulst bak det ene øyet. Med livslyst, stiger hun opp på podiet, og begynner å spille piano med fingre som kan se, sitter jeg og skammer meg, en narsistisk sjel, som har ingen steder å gjemme seg.

Narkissos.
Narkissos eller narkissus var i gresk mytologi en vakker ung gutt som nymfen Ekho forelsket seg i. Ifølge Ovids metamorfoser gjengjeldte han ikke hennes kjærlighet og ble derfor straffet av gudene til å **bli forelsket i sitt eget speilbilde**, tæres hen og dø; da han bøyde seg over en

kilde for å slukke tørsten, **ble han så betatt og paraly-sert av sitt eget speilbilde at han døde.** Der han døde, spirte det etterpå fram en lilje som har fått navn etter ham.
(Narsiss) Fra wikipedia, den frie encyklopedi.

Narsissisme.
Mens narsissisme er et uttrykk for individets adferd i relasjon til omgivelsene, er selvet et uttrykk for individets oppfattelse av seg selv. Fordi begrepet narsissisme oftest relateres til negativ adferd, blir en narsissist gjerne oppfattet som en person med narsissismens negative adjektiver; **egosentrisk,** manglende empati, overdrevet grandiost selvbilde, sårbar for **krenkelse** osv.
(Fra wikipedia).

Vi forklarer og forsvarer vår synd.
Ta de Homoseksuelle, en legning, av alle grupperinger, folkeslag, minoriteter, utstøtte og utslåtte, har jeg aldri møtt mere narsissisme enn hos de homoseksuelle. I vår vennekrets, hadde vi også venner med homoseksuell legning, skjult men dog, når bylivet var en del av vår kulturelle utskeielse, når vi var i tyveårene, ble vi også med på deres utesteder.

Ingen slipper unna!
En legning som legger sitt hode, på mine skuldre, gråter krokodille tårer, krenket for ikke å være akseptert, og snakker negativt om de "slemme" moralistene og kirke-predikantene. Og håper genforskerne kan forklare deres

synd. Og som sikkert finner svar kloss opp til "sannheten".

Blir ikke omvendelse av sånt!

Seksuell utfoldelse av samme kjønn er ikke annet enn at; de **dyrker** sitt egosentriske speilbilde, som **gjenspeiler deres eget kjønn.** En dyrkelse av sitt ego. De vil ha noe de kan gjenspeile sitt grandiøse selvbilde i. Narsissisme i et **skap,** de snart må se å komme seg **ut** av.

Synden er universell.

''For Guds vrede åpenbares fra himmelen over all ugudelighet og urettferdighet hos mennesker som holder sannheten nede i urettferdighet. For det en kan **vite** (Gresk; ginostos; som erkjent, erkjenne) **om** Gud, ligger **åpent** (Gresk; faneros; synlig, åpenbar). For dem, for Gud har åpenbaret det for dem. For Hans usynelige vesen, både Hans evige kraft og Hans Guddommelighet, har vært synlig fra verdens skapelse av. Det kjennes av Hans gjerninger, for at de skal være uten unnskyldning. For enda de kjente Gud, æret eller takket de ham ikke som Gud. I stedet ble de tomme i sine tanker, og deres uforstandige hjerter ble formørket. Mens de gav seg ut for å være vise, ble de dårer. Og de byttet bort den uforgjengelige Guds herlighet mot et bilde, en **avbildning** (Gresk; eikon; bilde) av et forgjengelig menneske og av fugler og firbeinte dyr og krypdyr. Derfor overgav også Gud dem i deres hjertes **lyster** (Gresk; epitymia; begjær, lyst) til urenhet, til å vanære sine legemer seg imellom. De byttet bort Guds sannhet mot løgnene og æret og dyrket skapningen framfor skaperen, han som er lovprist i evighet. Amen! Derfor overgav Gud dem til skammelige lidenskaper. Deres kvinner byttet om det naturlige samliv med et som er mot naturen. På samme vis forlot også mennene den naturlige omgang med kvinnen og brant i sitt begjær **etter hverandre.** Menn drev skammelig utukt med menn, og fikk på sin egen kropp den straff de **fortjente** (Gresk; dei; det er nødvendig) for sin forvillelse. Og ettersom de **ikke** brydde seg om å eie Gud i **kunnskap** (Epignosis; erkjennelse), overgav Gud dem til et **ugudelig sinn** (Gresk; nous; forstand, evne til å bedømme, eller ikke å bedømme, i dette tilfellet) så de gjør slikt som ikke sømmer seg. De er fulle av all slags urett, umoral, griskhet, ondskap, fulle av misunnelse, mordlyst og strid, svik og falskhet. De ble ryktemakere, baktalere, gudshatere, voldsmenn, overmodige, storskrytere, oppfinnsomme til ondt, ulydige mot foreldre, uforstandige, upålitelige, uten naturlig kjærlighet, ubarmhjertige. De **kjenner** (Gresk; epiginosko; kjenne, erkjenne) godt til Guds rettferdige dom, at de som gjør slikt, fortjener døden. Likevel gjør de ikke bare slikt selv, men de holder også med dem som gjør det.'' (Romerne 1:18-31)

Vers 31: "Dette er en utgave av den greske grunnteksten til det Nye Testamentet"; uten naturlig kjærlighet, **de vil ikke tilgi,** de er ubarmhjertige.

Når narsissismens speilbilde er: Død, blinker varsellampene. Å skrive "Mein Kampf" strekker seg ikke lenger enn at; jeg tror at jeg vet, eller; jeg vet at jeg tror. Når

man gråter over sine essays, og vil studere statsviten-
skap, etter å ha terrorisert mennesker, er det ikke mye
rom for omvendelse!

Pantelånerne vil alltid kreve sitt med renter.
Mennesker står i kø, uten å vite det.
Stengetid kan komme før du **vet** (Les; erkjenner) ordet
av det.
Ulydighet er en prøvelse, fra Gud, og falle ned er noe
helt annet.

"Det skjer med all urettferdighetens forførelse blant dem
som går fortapt, fordi de ikke tok imot kjærlighet til
sannheten, så de kunne bli frelst. Derfor sender Gud dem
kraftige villfarelse, så de tror løgnene, for at de skal bli
dømt, alle de som ikke har trodd sannheten, men hadde
sitt behag i urettferdigheten." (2 Tessaloniker 2:10-12)

Antikrist.
Antikrist vil bli en helt! Hvorfor? Han springer inn en
"homerun" (International baseball).
Han vekker heltedyrkelsen i oss. Han skriver historie.
Fredsprisen vil ikke være langt unna. Han vil gjøre mi-
rakler og tegn. Som selv intellektet vil **tro** på.

"Og jeg så et annet dyr stige opp av jorden. Det hadde to
horn, **likesom et lam,** men talte som en drage. Det bru-
ker hele det første dyrets makt for dets øyne. Og det gjør
slik at jorden og de som bor på den, **tilber** det første dyr,
det som fikk sitt dødelig sår legt. Og det gjør store **tegn.**

Til og med får det ild til å falle ned fra himmelen til jorden for menneskenes øyne. Det forfører dem som bor på jorden, på grunn av de tegn som ble gitt det å gjøre for dyrets øyne. Og det sier til dem som bor på jorden, at de skal gjøre et **bilde** (Gresk; eikon; bilde) av det dyr som fikk sverdhogget og ble levende igjen. Og det fikk makt til å gi dyrets **bilde** (Gresk; eikon; bilde) livsånde, så at dyrets bilde til og med kunne tale, og gjøre så at alle de som ikke ville tilbe dyrets bilde, skulle drepes. Det utvirker at det blir gitt alle, små og store, rike og fattige, frie og **treller** (Gresk; doulos; trell, tjener), et merke i sitt høyre hånd eller på sin panne, og at ingen kan kjøpe eller selge uten den som har merket: dyrets navn eller tallet for dets navn.

Heri består visdommen. Den som har **forstand** (Gresk; nous; sinn, forstand, evne til å bedømme), la ham regne ut dyrets tall! For det er et menneskes tall og dets tall er seks hundre og sekstiseks.''

(Johannes Åpenbaring 13:11-18)

En pave i fåreklær.

Pave - av latin - gresk; "far" overhode for romersk-katolsk kirke, med sete i Roma.

Pave - (Zoologisk), populær betegnelse for magesekk hos tifotkreps og særlig krabber.

Noe man også blir syk av, hvis man spiser det!

Vredesskålene tømmes.

"Og jeg hørte en høy røst fra tempelet, og den sa til de sju englene: Gå av sted og tøm de sju Guds vredesskåler ut på jorden. Og den første gikk av sted og tømte sin skål ut over jorden. Da kom en ond og farlig byll på de mennesker som hadde dyrets merke og som **tilbad** dets **bilde.**" (Gresk; eikon; bilde)
(Johannes Åpenbaring 16:1-2)

Et idol som henger på veggen.

Idol (Av gresk; "bilde", avgud, noe som er gjenstand for blind dyrkelse)

Bibel leksikon, Antikrist.

Den benevnelsen som idag er mest alminnelig brukt, antikrist. Det er sammensatt av anti og kristus. Motsetningen til kristus fremgår av anti, som her må ha sin sterkeste betydningen av **imot.** Da selve ordet også betyr **istedenfor,** er det likevel mulig at det finnes en dobbel betydning i navnet, han er både mot-kristus og en **falsk** kristus.

Kristi **motsetning** og Kristi **etterligninger.**

"Og nå vet dere hva det er, det som holder igjen, slik at han først skal åpenbares når tiden for dette er inne.
For lovløshetens hemmelighet er alt virksom, bare at den som holder igjen, må bli tatt bort. Da skal den lovløse *(antikrist*) åpenbares, han som Herren Jesus skal ødelegge med sin munns ånde, og tilintetgjøre når hans gjenkomst åpenbares i herlighet. Den lovløse kommer

satans virksomhet med all løgnens makt og **tegn** og **under.**'' (2 Tessaloniker 2:6-9)

Den skjulte "lovløshetens hemmelighet" som allerede er virksom i verden, vil munne ut i et **alminnelig frafall.**

Den fornærmede menighet.

''Mange skal da **falle** (Gresk; skandalizo; ligge **anstøt**, føre til fall, friste til fall) fra, og de skal angi hverandre og hate hverandre.'' (Matteus 24:10)

Hvor kom frafallet fra, fra de som **sårer,** eller fra de **sårede?**
Det er ingen som sårer mer enn de sårede, var det en pastor som sa!
Hvor narsissismen nikker samtykkende!

And then many will be **offended,** will betray one another, and will hate one another.
(New King James version Matthew 24:10)

Offended; oversatt til Norsk; fornærmet, såret, anstøt, krenket.

Anstøt; oftest er uttrykket å forstå billedlig, og sikter da til en ting eller en person som kan føre til fall, ødeleggelse eller forførelse.

Det tales i Nye Testamentet også om anstøt i betydning av det som ødelegger den begynnende tro, den svake tro, den skrøpelige eller uopplyste samvittighet. Her kan misbruk av den kristne frihet bli til anstøt for andre.

Når det i en snare var plassert en pinne med lokkemat, ble en slik pinne i klassisk gresk kalt; skandalon. I Bibelsk språkbruk brukes dette ordet i overført betydning, om noe som kan "fange" en, en fristelse.

Ord kan bli som surdeig.

Fariseernes og saddukernes surdeig.
"Jesus sa til dem: Se til å ta dere i vare for fariseernes og saddukeernes surdeig. Da tenkte de ved seg selv og sa: Det er fordi vi ikke har tatt med noe brød. Men Jesus **visste** (Gresk; ginosko; kjenne, vite, forstå) det, og sa: **Dere lite troende!** Hvorfor tenker dere ved dere selv at det er fordi dere ikke har tatt brød med? Forstår dere ennå ikke? Husker dere ikke de fem brød til de fem tusen, og hvor mange kurver dere tok opp, eller de sju brød til de fire tusen, og hvor mange store kurver dere da tok opp? Dere må da skjønne at jeg ikke snakket til dere om brød! Men ta dere i vare for fariseernes og saddukeernes surdeig! Da forstod de at han ikke hadde ment at de skulle ta seg i var for surdeigen i brød, men for fariseernes og saddukeernes lære." (Matteus 16:6-12)

Surdeig; er gjæret deig, som især i eldre tid ble oppbevart i vann for senere å brukes som gjæringsstoff i nylaget deig.
Surdeig blir det hele tatt i skriften og i synagogen brukt som bilde på urenhet og ondskap, som i denne tidsalde-

ren hadde tendens til å **gjennomtrenge alt.**

La oss i hvert fall være ydmyke....på at vi ikke er det!

I 1 Korinterbrev, kapittel 13, står det;
Kjærligheten; tåler alt. Hvordan kan man da bli krenket?
Hvis man, tåler alt!
Kjærligheten til fornærmelsen, er narsissisme.

"Å grina er det finaste eg veit!"

KAPITTEL 11

I ROBOT

Sosialismens - Dark side of the Moon.

Du kom til denne verden som programvare, klar for nedlasting, og før disketten din blir satt inn, blir du revet ut fra mors bryst. Innsatt på institusjon med gjerde rundt, hvor du lærer om de "Tre bukkene bruse", og kardemomme loven: "Du skal være grei og snill, og forøvrig kan du gjøre hva du vil!"

Hvor mor nettopp har skilt seg fra far, og far vil ha det mor tok.
Og hjernevasker barna til **ikke** å tro, men at vi skal respektere "andres" tro, og siden "tro" ikke finnes, lærer vi dem faktisk å respektere løgnen!

Det er de som maler fanden på veggen, med flotte farger!

Skjønt agnostikeren ikke vil si seg enig i alt dette, som jo har kapitulert og skjønt at tanken kommer til kort.

Hvem er størst?

''I samme stund kom disiplene til Jesus og sa: Hvem er den største i himmelens rike? Han kalte da et lite barn til seg og stilte det midt iblant dem og sa: Sannelig sier jeg dere: Uten at dere **omvender dere** og blir som barn, kommer dere slett ikke inn i himlenes rike. Den som gjør seg **liten** (Gresk; tapeinoo; fornedre, ydmyke, saktmodig) som dette barn, han er den største i himlenes rike. Og den som tar imot ett slikt lite barn for mitt navns skyld, tar imot meg. Men den som forfører èn av disse små som tror på meg, for ham var det bedre om en kvernstein ble hengt om halsen på ham og han ble senket i havets dyp. Ve verden for forførelser! For forførelser må komme, men ve det menneske som forførelsen kommer ved!'' (Matteus 18:1-7)

Så begynner skolen: Kunnskap er gud. Berik deg selv, og skaff deg en jobb.

''Om din hånd elle din fot frister deg til fall, da hogg den av og kast den fra deg! Det er **bedre** for deg å gå halt eller vanfør inn til livet, enn å ha begge hender eller begge føtter og bli kastet i den evige ild. Og om ditt øye **frister deg til fall,** da riv det ut og kast det fra deg! Det er bedre for deg å gå enøyd inn til livet, enn å ha begge øyne og bli kastet i helvetes ild. Se til at dere ikke forakter én av disse små! For jeg sier dere at deres engler i himmelen ser alltid min himmelske Fars ansikt. For menneskesønnen er kommet for å frelse det som var **fortapt** (Gresk; apollumi; ødelegge, gå fortapt). Hva mener dere? Dersom en mann har hundre sauer og én av dem går seg vill, forlater han ikke da de nitti i fjellet, og går av sted og leter etter den som har gått seg vill?

Og skulle han finne den, sannelig sier jeg dere: han gleder seg mer over den ene enn over de nittini som ikke har gått seg vill. Slik er det heller ikke deres himmelske Fars vilje at en eneste av disse små skal gå fortapt.'' (Matteus 18:8-14)

Så begynner livet!

Sosialismen vekker deg, med frokost på senga, og sier: I morgen er det min tur, til å bli vekket av deg, med frokost.

Så forsvant gleden av å gi.

''Når da dere, som er onde, vet å gi deres barn gode gaver, hvor meget mer skal da deres Far i himmelen gi gode gaver til dem som ber ham!'' (Matteus 7:11)

Eller som en sa på jobben, dagen etter han ble spandert en kopp kaffe, siden du spanderte i går, skal jeg spandere i dag. Så forsvant vitsen med det å spandere.

''Og om dere gjør vel imot dem som gjør vel imot dere, hva er det å takke dere for? Også syndere gjør det samme.

Og om dere låner ut til dem som dere håper å få igjen av, hva er det å takke dere for? Også syndere låner ut til syndere for å få likt igjen.'' (Lukas 6:33-34)

Og løftene er mange, vi lover deg alt sier sosialismen, bare du holder det vi lovet deg!

''Når du gjør Gud et løfte, så dryg ikke med å holde det, for han har ikke behag i dårer! Hold det du lover! Bedre er det at du ikke lover, enn at du lover og ikke holder det. La ikke din munn føre synd over ditt legeme og si ikke til Guds sendebud: Det var av **vanvare** (Hebraisk; shegagah; villfarelse. Synd er lovbrudd; ulydighet mot Guds vilje og overtredelser av Hans lov. Men synd er også vantro; krenkelse av Hans person og hån av Hans karakter) jeg gjorde det! - Hvorfor skal Gud harmes over din tale og ødelegge dine henders verk?''
(Predikantens bok 5:3-5)

Med kumlokk over kloakken, ser vi ikke det som flyter der nede, vi tar det bare for gitt.
Når du har tatt for mye av fruktene på treet til kunnskap, kommer mageknipe, det som har vært innestengt lenge, må ut, så som helgefyll og krampaktige sydenturer. Glem ikke du skal bli gammel en dag, det blir aldri for sent, med å gjøre noe med livet. Lev ikke "idag", når du kan leve "imorgen", og de som prøver å "leve i dag", skatter vi ihjel!

''Da gikk fariseerne bort og rådslo om hvordan de kunne fange han i ord. De sendte sine disipler til ham sammen med ham sammen med herodianererne, og lot dem si:

Mester, vi vet at du er sannferdig, og du lærer Guds vei i sannhet. Du bryr deg ikke om hva noen sier, for du gjør **ikke forskjell** på folk. Si oss hva du mener: Er det tillatt å gi keiseren skatt, eller er det ikke? Men Jesus **merket** (Gresk; ginosko; kjenne, vite, forstå, erkjenne) deres **ondskap** og sa: Hvorfor frister dere meg, dere **hyklere?** Vis meg mynten som skatten betales med! De rakte ham en denar. Og han sier til dem: Hvem har sitt **bilde** (Eikon; bilde) og sin påskrift her? De sier til ham: Keiseren. Da sier han til dem: **Gi** (Apodidomi; gi gjengjeld) da keiseren det som keiserens er, og Gud det som Guds er! Da de hørte dette, undret de seg, og de forlot ham og gikk bort.'' (Matteus 22:15-22)

Så hva mer er det og si om sosialismen, jo; du skal ikke gjøre forskjell på folk!

''For han skal gi enhver **igjen** (Apodidoni; gi, gjengjelde) etter hans gjerninger. Til dem som med utholdenhet i god gjerning søker herlighet og ære og uforgjengelighet, skal han gi evig liv. Men over dem som er gjenstridige og ulydige mot sannheten, men lydige mot urettferdigheten - over dem skal komme vrede og harme. Trengsel og angst skal komme over hver menneskesjel som gjør det onde, både jøde først og så greker. Men herlighet og ære og fred skal hver den få som gjør det gode, både jøde først og så greker. **For Gud gjør ikke forskjell på folk,** alle som syndet uten å ha loven, skal gå fortapt uten loven, og alle som har syndet under loven, skal dømmes ved loven. For ikke de som hører loven, er rettferdige for

Gud, men de som gjør etter loven, skal bli rettferdiggjort. For når hedninger, som ikke har loven, av naturen gjør det loven byder, da er disse, som ikke har loven, seg selv en lov. De viser at den gjerning loven krever, er skrevet i deres hjerter. Om det vitner også deres samvittighet og deres tanker, som innbyrdes anklager dem eller også forsvarer dem - på den dag da Gud skal dømme det skjulte hos menneskene, etter mitt evangelium, ved Jesus Kristus.'' (Romerbrevet 2:6-16)

Når sosialismen sier; ikke gjør forskjell på folk, så sier de samtidig, lik lønn for likt arbeidet. Som kvinnen skal ha lik lønn som mannen, for noe tullball!

Snu det hele på hodet, ta et eksempel; i en bedrift, jobber ei kvinne og en mann, de har lik lønn for likt arbeide. Men det viser seg at **mannen** er lat, gjør ikke det han ble fortalt, sladrer og skylder på alle andre, og fort han har litt "snørr i nesa", er han borte fra jobben. Og "rett som det er" tar han sykemelding, merkelig nok, spesielt når det er OL eller VM på Tv´en. Mens kvinnen våkner en time før alle andre, forbereder barna sine, haster til barnehagen, er på pletten i alle situasjoner, **gjør** det som ble fortalt, med glans. Og fullfører det hun startet med. Si meg en ting!, skal **ikke hun** ha **mer** lønn enn mannen?

Sosialismens fariseerisme!

''Da talte Jesus til folket og til sine disipler og sa: På Mose stol sitter de skriftlærde og fariseerne. Alt som de

sier til dere, skal dere derfor gjøre og holde. Men gjør
ikke etter deres gjerninger. For de sier det, men de gjør
det ikke. De binder sammen tunge byrder og lesser dem
på menneskenes skuldrer, men selv vil de ikke røre dem
med en finger. Alle sine gjerninger gjør de for å bli sett
av menneskene. De gjør sine bønneremmer brede og sine
minnedusker store. De vil gjerne ha hedersplassene i
gjestebudene og de fremste seter i synagogene, få hils-
ninger på torgene og bli kalt rabbi av menneskene. Men
dere skal ikke la dere kalle rabbi, for én er deres Far, han
som er i himmelen. La heller ikke noen kalle dere lærere,
for én er deres lærer, Messias. Men den største blant dere
skal være tjener for de andre. Den som opphøyer seg
selv, skal fornedres, og den om **fornedrer** (Gresk; ta-
peinoo; fornedre, ydmyke) seg selv, skal opphøyes. Ve
dere, skriftlærde og fariseere, dere hyklere, som stenger
himlenes rike for menneskene! Selv går dere ikke inn, og
dem som er i ferd med å gå inn, tillater dere ikke å gå
inn. Ve dere skriftlærde og fariseere, dere hyklere, som
eter opp enkers hus, og for et syns skyld holder lange
bønner. Derfor skal dere få dess strengere dom.''
(Matteus 23:1-14)

**Ja, Den Allmektige gjør ikke forskjell på folk, derfor
dømmer han oss ulikt, etter våre gjerninger.**

''Bind derfor opp om dere, om deres sinn, vær edrue og
sett deres håp fullt og fast til den nåde dere får i Jesu
Kristi åpenbarelse. Som lydige barn må dere ikke **skikke**
(Gresk; dysehematizo; likedanne) dere etter de lyster

som dere før hadde, i deres uvitenhet. Men vær, etter Den Hellige som kalte dere, også dere hellige i all deres ferd. For det er skrevet: Dere skal være hellige, for jeg er hellig. Når dere påkaller som Far ham som dømmer uten å gjøre forskjell, enhver etter hans gjerninger, da ferdes i frykt i deres utlendighets tid. For dere vet at det ikke var med forgjengelige ting, med sølv eller gull, dere ble kjøpt fri fra den dårlige ferd som var arvet fra fedrene, men med Kristi dyrebare blod, som blodet av et feilfritt og lyteløst lam.'' (1 Peter 1:13-19)

Så fra sosialismens database, fikk de "alle" til å "si" og "gjøre" det samme, uten å stille spørsmål, om sosialismen.
På falske løfter, som til slutt ikke kunne holdes, når alt rakner i åpenbaringens lys, når kaoset er et faktum, kontrollert til å tro, at vi er "frie". Ikke gjør som vi gjør, bare gjør som vi sier!
Dette er nesten som på film, bare verre!

-Men roboter har ikke sjel!
Jo det har de, nedlastet fra Treet til Kunnskap, men **ånd** har de **ikke!**

''Men vi har ikke fått verdens ånd, men den ånd som er fra Gud, for at vi skal kjenne det som Gud i sin nåde har gitt oss. Og dette forkynner vi, ikke med ord som menneskelig visdom har lært oss, men med ord vi har lært av ånden. Vi tolker åndelige ting med åndelige ord. Men et sjelelig menneske* tar ikke imot det som hører Guds ånd til. For det er en dårskap for ham, og han kan ikke kjenne det, det kan bare bedømmes på åndelig vis. Den åndelige derimot kan dømme om alle ting, men om ham selv kan ingen dømme. For hvem **kjente** (Gresk; ginoski; kjenne, vite, forstå) Herrens sinn, så han kunne undervise ham? Men vi har Kristi **sinn.**'' (Gresk; nous; sinn, forstand, evne til å bedømme) (1 Korinter 2:12-16)

Sjelelig menneske: Et menneske som bare har sjel, men ikke Guds Ånd!

''Men dere, kjære: Husk de ord som vår Herre Jesu Kristi apostler før har talt!
For de sa til dere: I den siste tid skal det komme spottere som farer fram etter sine ugudelige lyster. Disse er det som skaper splittelse, de er **sjelelige mennesker** som ikke har ånden. Men dere, kjære: Oppbygg dere på deres høyhellige tro, be i Den Hellige Ånd, og hold dere slik i Guds kjærlighet, mens dere venter på vår Herre Jesu Kristi miskunn til evig liv.'' (Judas 1:17-21)

Individet har ingen rett, bare satt i bås.
Brikker i et spill.
Hvem sa sjakk matt, bortsett fra de som har skjønt det!

En filosof sa engang: Det er ikke diktatoren som er en trussel, men folket.
Så kom demokratiet, men regelen er fortsatt den samme.
Det er ikke politikerne som styrer landet, som er en trussel, men folket i flertall.

På ytringsfriheten våget de å stå frem, kvinnene, de lavt-
lønte arbeiderne, homoseksuelle, de som sa at nok er
nok.
Vi **krever** at vår konge og regjering, gir oss vår **rett.**

"Da Samuel ble gammel, satte han sine sønner til dom-
mere over Israel. Hans førstefødte sønn hette Joel og
hans andre sønn Abia. De dømte i Be´er-seba. Men hans
sønner vandret ikke på hans veier. De søkte bare egen
vinning og tok imot gaver og **bøyde retten** (Hebraisk;
dom, rettferdig; tidvis brukes også ordet mishpath; dom,
den handling å dømme rett, rettsbud, rettsnorm, rettsfor-
skrift, rettferdighet danner grunnlag for en rettferdig
dom.) Da samlet alle Israels eldste seg og kom til Samuel
i Rama. Og de sa til ham: Nå er du blitt gammel, og dine
sønner vandrer ikke på dine veier, så sett nå en konge
over oss til å styre oss, slik som alle folkene har!
Men det var ondt i Samuels øyne når de sa: Gi oss en
konge til å styre oss! Og Samuel bad til Herren.
Da sa Herren til Samuel: Lyd ditt folk i alt det de sier til
deg! For det er ikke deg de har forkastet, men det er meg
de har forkastet, så jeg ikke skal være konge over dem."
(1 Samuel 8:1-7)

Så enden på visa, var at ingen til slutt våget å si imot, og
de som våget, fikk bare høre:
Du kan si hva du vil si….
….bare du sier det **vi** liker å høre.

Når ytringsfriheten fikk makt, ba dem de andre om å

"holde kjeft", hvis ikke tar vi stats-støtta fra dere.

Jesus Kristus døde for våre synder!

De "religiøse" "dreper" for sin rett!

Men så kommer Han som skal komme; **Kristus på en hvit hest!**

''Og jeg så himmelen åpnet-og se: En hvit hest. **Og han som sitter på den, heter trofast og sannferdig, og han dømmer og strider med rettferdighet.** Hans øyne er som ildslue. På hans hode er det mange kroner. Han har en innskrift med et navn som ingen kjenner uten han selv. Han er iført en kledning som er dyppet i blod, og hans navn er **Guds ord.** Hærene i himmelen fulgte ham på hvite hester, kledd i fint lin, hvitt og **rent** (Gresk; katharos; ren. Renheten er av personlig etisk-religiøs art. "Salige er de rene av hjertet!. Matteus 5:8. De oppriktige av hjertet, de som har et indre menneske som er helt for Herren og har den uforbeholdne åpne hengivelse til ham). Ut av hans munn går det et skarpt sverd, for at han med det skal slå hedningefolkene. Og han skal styre dem med jernstav. Han tråkker vinpressen med Guds, Den Allmektiges strenge vredes vin. På sin kledning og på sin hofte har han et navn skrevet: **Kongers Konge og Herrenes Herre!**'' (Johannes Åpenbaring 19:11-16)

KAPITTEL 12

HØNA ELLER EGGET

Det er ikke spørsmål om hvem av dem som kom først, men hvem som var før dem begge.

"I begynnelsen skapte Gud himmelen og jorden. Jorden var **øde** (Hebraisk; tohu; tom, uformet) og tom, det var mørke over det store **dyp,** og Guds Ånd (Den Hellige Ånd) svevet over vannene." (1 Mosebok 1:1-2)

Dyp; Tehom; Hebraisk; dypet, avgrunnen. I det Gamle Testamentet betegner avgrunnen, **tehom,** urhavet, verdens havet, eller vannet under jorden.

Ordet tehom kan føres tilbake til et rotord som betyr å gjøre opprør, å ødelegge. I den greske oversettelsen av Gamle Testamentet Septuaginta, er tehom oversatt med abussos, som betyr dyp, umålelig, bunnløs.

Skal vi tro at noe er sant, må vi Tro, hva som kom først, teller ikke, når vi enda ikke har nådd målet.

''Men ett gjør jeg: Jeg glemmer det som ligger bak og strekker meg ut etter det som er foran, og jager mot målet, til den seierspris som Gud har kalt oss til der ovenfra i Kristus Jesus. La oss da, så mange som er fullkomne, ha dette sinn. Og om dere skulle være annerledes innstilt i noe, så skal Gud også åpenbare dere dette.''
(Filipperne 3:14-15)

Hva venter vi på? Jesu andre komme!

''Ham (Les: Jesus) oppreiste Gud på den tredje dag og lot ham åpenbare seg, ikke for hele folket, men for de vitner som forut var utvalgt av Gud-for oss, vi som åt og drakk sammen med ham etter at han var oppstått fra de døde. Han bød oss å **forkynne** for folket og vitne at han er den som Gud har **satt** (Gresk; horizo; avgrense, **erklære**) til å være dommer over levende og døde.''
(Apostlenes Gjerninger 10:40-42)

Hvem tok ikke gudsfrykten på alvor.
De som ikke Tror, er allerede dømt.

Den Hellige Ånds gjerning.

''Men jeg sier dere sannheten: Det er til gagn for dere at jeg går bort. For dersom jeg ikke går bort, kommer ikke talsmannen (Den Hellige Ånd) til dere. Men går jeg bort, da skal jeg sende ham til dere. Og når han kommer, skal han **overbevise** verden om synd og om rettferdighet og om dom. Om synd, **fordi de ikke tror på meg**. Om rettferdighet, fordi jeg går til Faderen, og dere ser meg ikke

lenger. Om dom, fordi denne verdens fyrste er dømt."
(Johannes 16:7-11)

Har man kunnskap om høna, og glemmer egget. Eller kunnskap om egget og glemmer høna. Tar man med begge deler, og setter det på avsidesliggende øyer...

Les Galapagos-øyene, spansk archipielago de colon, øygruppe i Stillehavet. Består av 12 store og flere hundre småøyer. Øyene er vulkanske med **høyst egenartet fauna og flora,** b.l.a kjempe øgler. Øyene ble oppdaget i 1535 og oppkalt av blant annet Darwin.

....for så å komme tilbake lenge etterpå, og bare finne Høna, som ikke har lagt eggene sine, tar man jo alt ut av sammenhengen.

Like dumt som om jeg på nesten 190 cm på "strømpelesten", store føtter, stort hode, vandre sammen med min venn. Som er 160 cm høy, små føtter, lite hode, tilpasset kroppen, vandrer over ei dyp myr. Hvorpå jeg synker og blir borte, mens han andre kommer seg helskinnet til den andre siden. Lenge etterpå finner noen "vitenskaps" menn meg i myra, konkluderer med at slik så de ut "den gang"og får applaus for det.

Sier som en tidligere arbeidsgiver sa noen ganger: Dummeste mannen er ikke født ennå.
Sagt det før, og sier det igjen: Løgn sagt mange nok ganger kloss opp til "sannheten" i sin samtid, ja da tar de

det som en sannhet.

Hvor mange ganger skal vi "legge egget"?

"Hør på meg, dere stolte hjerter, dere som er langt borte fra rettferdighet!" (Jesaja 46:12)

En annen oversettelse skriver, BF: "Hør på meg, dere med sterk **egenvilje**". (Jesaja 46:12)

Lenge etterpå, et tidsbegrep, hvor lenge etter høna kom egget, eller omvendt om du vil.

"Men én ting må dere ikke være blinde for, mine elskede: For Herren er én dag som tusen år og tusen år som én dag. Herren er ikke sen med løftet, slik noen holder det for senhet. Men han har tålmodighet med dere, for han vil ikke at noen skal gå fortapt, men at alle skal komme til omvendelse." (2 Peter 3:8-9)

Sier **Du** ja, og skjøt innertier på deg selv, sa Darwinisten.

Charles Darwin.
Charles Robert Darwin, født 12 Februar 1809 i Shrewsbury i Shropshire i England. Var en britisk **naturforsker.** Han er mest kjent for å ha grunnlagt den moderne **evolusjonsteorien,** (Se darwinisme) men bidro også med en rekke andre arbeider innen systematikk, økologi og palentologi. Darwins bidrag til biologien kan knapt overvurderes. Evolusjonslæren ga endelig den lin-

neiske systematikken et **teoretisk** fundament og gjorde det for første gang mulig med en vitenskapelig **teori** på dyrs og planters tilpasninger og deres utrolige biologiske mangfold. I dag er Darwins lære om naturlig utvalg det helt grunnleggende fundamentet for all biologisk forskning, og finner stadig nye annvedelsesområder, blant annet innen **medisin** og ernæring.

Charles Darwin vokste opp i et kristent, men frisinnet hjem. Da han reiste ut på sin kjente verdensomseiling med skipet HMS Beagle, var han fremdeles **troende,** og tolket til å begynne med alt han så ut fra det han visste fra Bibelen.

Ettersom årene gikk og han ble gift, fikk familie osv, ble han mindre og mindre troende-men holdt en lav profil av hensyn til sin svært **religiøse** kone. Da hans favorittdatter, den han virkelig følte seg nær, nemlig Anne døde i 1851, ti år gammel og etter mye lidelse, sa han "dette er slutten på mitt forhold til Gud." Darwin døde selv i 1882. (Fra wikipedia internett)

''Du stolte på din ondskap. Du sa: Det er ingen som ser meg! Din visdom og din **kunnskap** (Hebraisk; da át; erkjennelse, kunnskap) har forført deg, så du sa i ditt hjerte: jeg og ingen annen! Så skal det da komme over deg en ulykke som du ikke kan mane bort. En ødeleggelse skal ramme deg, som du ikke skal makte å avvende med noe sonoffer. En undergang som du ikke vet om, skal komme brått over deg.'' (Jesaja 47:10-11)

Ja, som dere, har jeg valgt å tro på det jeg Tror på.

Hvem "tror" ikke de kan rekke bussen. Når et ord betyr natt og dag, blir det ikke lett og forklare.

Begrepet "tro" blir i Nye Testamentet først og fremst uttrykt ved det greske ordet pistis; "tro", "tillit", "troskap", "trofasthet", "overbevisning". Verbet pisteuein; brukes om tro i betydningen holde for sant, troverdig, være overbevist (om), fortrøste seg (på), ha tillit (til), betro seg (til).

Når det i denne utgaven står om å tro på Gud eller Kristus, er det disse ordene som ligger til grunn. Det betegner en personlig **overbevisning** som fører til at mennesket med **full tillit stoler på Gud.** (Fra Norsk Bibel-Leksikon)

Du skal ikke "komme her, og komme her", når hode heller vil forholde seg til hva de finner på en "øde øy".

Tilpasning-biologi.
Enhver forandring i et organ eller karaktertrekk hos et dyr eller en plante, som gjør organismen bedre skikket til å overleve i bestemte omgivelser. Tilpassing måles ofte som en individtypes bidrag av avkom til kommende generasjoner relativt sett til andre individtyper i bestanden. På engelsk (også på Norsk) kalles dette målet ofte "fitness". (Se utviklingslæren, Store Norske Leksikon)

Charles Darwin gjorde mennesker til dyr.

Når Charles Darwin lot bitterheten slå rot, når han mistet sin datter, ble det et hinder. Særlig når man lar tanken regjere.

''Se til at ikke noen forspiller Guds nåde. La ingen **bitter rot** få vokse opp og volde skade, så **mange blir smittet av den.**'' (Hebreerne 12:15)

Kan du se klart når det er tåke?
Kan du smile når du er sint?

Så kom Walt Disney, som gjorde dyr om til mennesker.
Tilslutt fikk Hollywood, Tarzan til å kaste seg i lianene.
Til alt lignet på hverandre.

Det er lettere for meg, å bli som en ape, som lager apelyder, enn for en ape å bli et forstandig menneske.
Ihvertfall etter syndefallet?!

Synkroniserer du fortid med nåtid. Når vi som ser med annerledes øyne, gjør oss ikke mer nærsynte.
Optikeren kan ikke hjelpe oss. Først når vi kryper ut av puppene våres, blir skyggene av oss forandret.

De døde skal oppstå.
''Men nå er Kristus oppstått fra de døde og er blitt førstegrøden av dem som er sovnet inn. For ettersom døden kom ved et menneske, så er også de dødes oppstandelse kommet ved et menneske. **For likesom alle dør i Adam,**

slik skal også alle bli gjort levende i Kristus. Men hver i sin egen avdeling: Kristus er førstegrøden. Deretter skal de som hører Kristus til, bli gjort levende ved hans komme.'' (1 Korinter 15:20-23)

Resistante bakterier, sleipe som et våt såpestykke, når antibiotikaen kommer.

Som en forsker klarte å si; bakteriene har jo vært her lenger enn oss, så dermed er de smartere enn oss.
Da må jeg minne forskeren på syndefallet og konsekvensen av den.

Hvem som kom først, bakterien eller menneske lar jeg stå åpent, men en ting er sikkert, ingen ble syke av den før syndefallet. Siden Gud så at det Han skapte var godt.

''Og Gud så alt det han hadde gjort, og se, det var **overmåte** godt. Og det ble aften og det ble morgen, sjette dagen.'' (1 Mosebok 1:31)

Forstand.
Se også: Forstå, forstandig, klok, klokskap, innsikt, hode, kløkt, **tanke,** skjønnsomhet, vite, kjenne, **kunnskap, erkjennelse,** åpenbaring, forstander, visdom, **lærdom.**

Den Hellige Ånd, er forstands Ånd.
Forstand er hos mennesket den sjelsevne som anvender begreper, feller dommer og ut fra givne forutsetninger drar riktige praktiske slutninger. Denne forstandens

funksjon er det skaperen selv som har nedlagt i menneskets sjelsliv, et avbillede av hans eget. Dens innhold, virksomhet og verd for den enkeltes praktiske liv avhenger av hans innstilling til forstandens guddommelige kilde, Gud selv. Menneskets legitime trang til tilfredstillelse for denne del av sjelslivet kan tjene som innfallsport for fristeren. Skilt fra Gud, i strid med hans lover, mister forstanden sitt guddommelige innhold og fylles med dets **motsetning.** Det fra Gud bortvendte menneske karakteriseres i skriften som **"formørket i sin tanke"**, sin forstand. Dommer, slutninger og vurderinger blir feilaktige, -religiøst, og sosialt-moralsk, og leder til fordervelse.

Første skritt på forstandens vei er ikke å stole på sin egen forstand.
Å frykte Gud er forstand og gudsfrykt gir forstand.
(Norsk Bibelleksikon)

Være omtenksom, handle klokt, få forstand av, **skjelne.** (De forsto at de var nakne) Vinne forstand, gi forstand, få forstand. (Norsk Bibelleksikon)

''Kvinnen så nå at treet var godt å ete av og at det var en lyst for øynene - et prektig tre, **siden det kunne gi forstand.**
Så tok hun av frukten og åt. Hun gav også sin mann, som var med henne, og han åt.'' (1 Mosebok 3:6)

Og dét var starten på intellektets utviklingslære!

"Da ble **begges** øyne åpnet, og de skjønte at de var nakne. Så flettet de sammen fikenblad og bandt dem om livet." (1 Mosebok 3:7)

Og starten på at "alt er forandelig", en spade ble plutselig ikke lenger en spade. I dét paradiset satte tennene sine i den ubudne frukt, måtte intellektet gjøre jobben selv, å dyrke og plante.

"Han svarte (Les Adam): Jeg hørte deg i hagen, og da ble jeg redd, fordi jeg var naken, og jeg gjemte meg. Da sa Han (Les, Gud Herren): Hvem har sagt deg at du er naken? Har du ett av treet jeg **forbød** deg og ete av?"
(1 Mosebok 3:10-11)

Å tyne jorden uten gjødsel.
Å være næringsfattig, gjør man bakteriene til "Herre", og ikke lenger som tjenere.

Syndens følger.
"Til kvinnen sa han (Les: Herren Gud) Jeg vil gjøre din møye stor i ditt svangerskap. Med smerte skal du føde dine barn. Til din mann skal din attrå stå, og han skal råde over deg. Og til Adam sa Han: Fordi du lød din hustrus røst og åt av treet som jeg forbød deg å ete av, skal jorden være **forbannet** for din skyld. Med møye skal du nære deg av den alle dine levedager. Torner og tistler skal den bære for deg, og du skal ete av markens vekster. I ditt ansikts sved skal du ete ditt brød, inntil du vender tilbake til jorden, for av den er du tatt. Støv er du, og til

støv skal du vende tilbake.'' (1 Mosebok 3:16-19)

Så når mannen fikk det for seg å lande på månen, var det **aldri** Guds mening.

Et stort skritt for menneskeheten, måtte jo heller være, hvis vi omvendte oss.

''Herre er ikke sen med løftet, slik noen holder det for senhet. Men Han har tålmodighet med dere, for han vil ikke at noen skal gå **fortapt,** men at alle skal komme til omvendelse.'' (2 Peter 3:9)

I det Nye Testamentet er det greske ord oversatt med **fortapelse:** Apoleia, som svarer til det hebraiske ab- badon og verbet apollymi og olethros. Begge disse ordene har den dobbelte betydning, "tap", "det å tapes", "fortapelse", "fordervelse", "død", "undergang."
(Norsk Bibelleksikon)

Det var aldri Guds mening, at vi skulle få **forstand** nok, til å "skape" forurensning.

Ubalanse er når to stykker sitter på en huske, hvorpå den andre er dobbelt så tung som deg. Overvektighet har ikke noe med saken å gjøre. Det er bare en konsekvens av den. Likevekt er en balanse, som Gud skapte i skapelsen, når Han så at det var overmåte godt.

Vekt, instrument til veiing. (Fysikk)

Tyngde, gravitasjon, eller den kraft et legeme øker mot underlaget når det holdes i ro. Vekt brukes ofte i betydningen masse. For å unngå tvetydigheter bruker man i fysikk helst betegnelsene **masse og tyngde** istedenfor vekt. (Norsk Leksikon)

Kunnskapen får sagt dét den.

Hvorfor vet jeg best?
Med foten i myra, er jeg overbevist om at det går bra.

Vi sier til den Allmektige, som barna sier til sine foreldre, når de så smått har begynt å bli selvstendige: Klare selv!

Jeg tenker; derfor eksisterer jeg, har blitt en illusjon. Fysikken har gjort oss forkrøplet. Som bare har stilt de rette spørsmålene, til rett tid, utifra vårt eget **ståsted.**

Stewen William Hawking.
(Født 8 Januar 1942 i Oxford, Storbritania. **Religion: Ateisme**) Er en britisk fysiker og matematiker ved universitetet i Cambridge. Han er særlig kjent for sine arbeider om sorte hull, og for å forbinde den generelle relativitetsteorien med **kvantemekanikken.** Hawking lider av en **motonevronsykdom** relatert til amyotrofisk lateralsklerose (Als), en lidelse som binder ham til rullestolen og har tatt fra ham alle muligheter til å kommunisere direkte med omverdenen. Han arbeider derfor med en spesiell språkdatamaskin som blir styrt av

· 111

Hawkings øyne og enkelte muskler i ansiktet. Dette setter ham i stand til å holde foredrag, føre samtaler og mer. (Fra wikipedia, den frie encyklopedi)

Jesus var et feilfritt og lyteløst lam, som helbredet alle.

''Jesus drog omkring i hele Galilea. Han lærte i deres synagoger, forkynte evangeliet om riket og helbredet alle slags sykdommer og plager blant folket. **Ryktet** (Gresk; akoe; hørelse) om ham kom ut over hele Syria. Og de førte til ham **alle** som hadde ondt og som led av forskjellige sykdommer og plager, både **besatte** (Gresk; daimonizomani; være besatt av en ond ånd, demon), månesyke og lamme. Og Han helbredet dem.''
(Matteus 4:23-24)

Kvantemekanikk er den grenen av fysikken som beskriver atomer, molekyler, og oppbygningen av disse. I sin mest komplette form prøver den å beskrive oppbygningen av all materie og stråling. Alle naturkrefter unntatt gravitasjon og energier som vakuumer har i dag en kvantemekanisk beskrivelse. Kvantemekanikk starter med Max Plancks forklaring av strålingspekteret fra solen i 1900, og er i dag en hovedgren av fysikken med mange undergrener. All fundamental forskning i fysikk i dag kan sies å videreføre kvantemekanikken. (Fra wikipedia, den frie enclyklopedia)

Jernteppe er mer enn et jernteppe.
Når det ikke er tilgang til baksiden, så forholder man seg

til den informasjon man kan få, inside informasjon, selv om det ikke er nok. Kald krig, er mer enn atomer og molekyler. Kvantemekanikken geiper til oss, det gjør "Keiserens nye klær" også.

Hvis du blir arrestert, så kan alt du **har sagt** bli brukt mot deg. Selv om du er **naken.**

Det handler bare om å overbevise.

Fra lidelse til herlighet.
''For jeg er **overbevist** om at den nåværende tids lidelser ikke er for noe å regne mot den herlighet som skal åpenbares på oss. For skapningen venter og lengter etter at Guds barn skal åpenbares på oss. For skapningen venter og lengter etter at Guds barn skal åpenbares. Skapningen ble jo lagt under forgjengelighet, i håp om at også skapningen skal bli frigjort fra trelldommen under forgjengeligheten, og nå fram til Guds barns frihet i herligheten. For vi vet at hele skapningen til denne stund sukker sammen og stønner sammen som i veer. Ja, ikke bare det, men også vi som har fått Ånden som førstegrøde, også vi sukker med oss selv, mens vi lengter etter vårt barnekår, vårt legemes forløsning. For i håpet er vi frelst. Men et håp som en kan se, er ikke lengre noe håp hvorfor skulle en håpe på det en allerede ser? Men dersom vi håper på det vi ikke ser, da lengter vi etter det med tålmodighet. Og her kommer også Ånden oss til hjelp i vår skrøpelighet. For vi vet ikke hva vi skal be om slik vi burde det. Men Ånden selv går i forbønn for oss

med sukk som ikke rommes i ord. Men han som **gransker hjertene,** vet hva Ånden trakter etter, for det er etter guds vilje han går i forbønn for de hellige. For vi vet at alle ting samvirker til gode for dem som elsker Gud, dem som etter hans råd er kalt. For dem som han forut kjente, dem har han også forut bestemt til å bli likedannet med hans Sønns bilde, for at han skulle være den førstefødte blant mange brødre. Og dem som han forut bestemte til dette, dem har han også kalt. Og dem som han har kalt, dem har han også rettferdiggjort. Og dem som han har rettferdiggjort, dem har han også herliggjort.''
(Romerne 8:18-30)

Jeg er overbevist; derfor eksisterer jeg.

''For vårt evangelium kom ikke til dere bare i ord, men også i **kraft.** (Jesus er bærer av en spesiell kraft. Gresk; dynamis; kraft, sprengstoff, dynamitt) Og i **Den Hellige Ånd** og med **full overbevisning.**'' (1 Tessaloniker 1:5)

KAPITTEL 13

FRYKT

Å spise en skive med brunost,
er ikke avskrekkende.
Ei heller å fordøye den.
Først når man får illebefinnende, man begynner å snakke.

"Frykt ikke for dem som dreper legeme, men ikke kan drepe sjelen. Frykt heller for ham som kan ødelegge både sjel og legeme i helvete." (Matteus 10:28)

Hva har mat med mennesker å gjøre. Vel, hvor kommer tankene ifra. Og hva har de med meg å gjøre.

Hvem kan "gå på vannet" uten og tenke?

Jesus går på vannet.
"Og straks nødde han disiplene til å gå i båten og dra i forveien for ham over til den andre siden, mens han sendte folket fra seg. Da han hadde sendt folket fra seg,

gikk han opp i fjellet for å være for seg selv og be. Og da kvelden kom, var han der alene. Men båten var alt midt ute på sjøen, og den stampet hardt mot bølgene, for vinden var imot. Men i den fjerde nattevakt kom han til dem, gående på sjøen. Da disiplene fikk se ham der han gikk på sjøen, ble de slått av **skrekk** og sa: Det er et spøkelse! Og de **skrek** av redsel. Men Jesus talte straks til dem og sa: Vær ved godt mot, det er meg. **Frykt ikke!** Da svarte Peter ham og sa: Herre,er det deg, da byd meg å komme til deg på vannet! Han sa: **Kom!** Og Peter steg ut av båten og gikk bortover vannet mot Jesus. Men da han så det veldige uværet, ble han redd, og begynte å synke. Da ropte han: Herre, frels meg! Jesus rakte straks ut hånden og grep tak i ham, og han sa til ham: Du lite troende! Hvorfor tvilte du? Og da de steg opp i båten, la stormen seg. Men de som var i båten, kom og falt ned for ham og sa: Sannelig, du er Guds Sønn!''
(Matteus 14:22-33)

Hvor går veien på vannet, uten at Jesus sier: **Kom!**

Ta Jesus på Ordet, og ikke i din Egen Tro: Du lite troende! Hvorfor tvilte du? (Matteus 14:32)

''Da jeg fikk se ham, falt jeg ned for hans føtter som død. Men han la sin høyre hånd på meg og sa: **Frykt ikke!** Jeg er den første og den siste og den levende. Jeg var død, og se, jeg er levende i all evighet. Og jeg har nøklene til døden og dødsriket.''
(Johannes Åpenbaring 1:17-18)

Islam vil ikke "Ta oss", men vår egen ugudelighet, som man sier; uten motstand, flyter man død nedover elven.

Røde og hvite blodlegemer, forsvar er krigersk.
Nederlag er blodig.
Sykdom er bare et varsel,
på at noe er på gang.

Så hva har Islam, med sykdom å gjøre.

Sykdommens religiøsitet, er at vi har svekket immunforsvaret. Også børsen kjøper billig, når noen ligger nede. Smerter er verst, særlig når du kjenner på den. Trusselen er ikke det som kommer utenfra. Men hvordan det fungerer innenifra.

Trojas hest vil alltid bli stående, i historiebøkene.

Så kom: **Frykt ikke!**, i seneste laget.

''Frykt da ikke for dem! For ingenting er tildekket som ikke skal bli åpenbart, og intet er skjult som ikke skal bli **kjent** (Gresk; ginosko; kjenne, vite forstå).
Det jeg sier dere i mørket, tal det i lyset! Det som dere får visket i øret, **forkynn** (Kerysso; kerys; gresk; som betyr en utroper, herold. Av herolden kreves at han uten innskrenkninger roper ut sitt ærend fra oppdragsgiveren) det fra hustakene.'' (Matteus 10:26:27)

Ordet respekt har ikke lenger hold i seg.

På et Norskkurs i Norge, med innvandrere og asylsøkere ble det oppfordret å ikke ta med svinekjøtt på avslutningsfesten, med "respekt" for muslimene.

Respektløst og troløst! Sleng heller en flintstek på grillen, og si: Ta og ét!

Peters syn
‘‘Dagen etter, mens de var på vei dit og nærmet seg byen, gikk Peter opp på taket for å be. Det var omkring den sjette time. Han ble da sulten og ville ha noe å ete. Mens de laget i stand, kom det en henrykkelse over ham. Han ser himmelen åpnet, og noe som kommer dalende ned. Det så ut som en stor linduk som ble senket ned på jorden etter de fire **hjørnene.** (Arche; gresk; begynnelse, opphav).
På den var det alle slags firføtte dyr og jordens kryp og himmelens fugler. Og en røst sa til ham: Stå opp, Peter, slakt og et! Men Peter svarte: På ingen måte, Herre! Aldri har jeg spist noe vanhellig eller urent, og en røst kom igjen til ham, for annen gang: Det som Gud har **renset,** (Gresk; katharos; "ren": Renheten er av personlig, etisk-religiøs art. "Salig er de rene av hjertet, "Matteus 5:8, d.v.s de oppriktige av hjertet, de som har et indre menneske som er helt for Herren og har den uforbeholdne åpne hengivelse til ham) skal ikke du kalle urent. Dette hendte tre ganger, og så ble duken straks tatt opp til himmelen igjen.’’ (Apostlenes Gjerninger 10:9-16)

Dette smaker rasisme!

Da får vi vel si, som Peter sa.

"Peter begynte da å tale, og han sa: Jeg skjønner i **sannhet** at Gud ikke gjør forskjell på folk, men blant **hvert folk** tar han imot dem som frykter ham og **gjør** rettferdighet." (Apostlenes Gjerninger 10:34-35)

Når kriminelle med fryktsomme skritt, forlater åstedet, er frykten for å bli tatt, større enn frykten for den dommen som ligger foran dem.

"Da nå altså **Kristus** har lidt i kjødet, så må også dere væpne dere med den samme tanken, at den som har lidt i kjødet, er ferdig med synden, slik at dere ikke lenger skal leve etter menneskers lyster, men etter Guds vilje, den tid dere ennå skal være i kjødet. For det er nok at dere i den tid som er gått, har gjort hedningenes vilje ved å ferdes i skamløshet, lyster, drukkenskap, festing, drikkelag, og i skammelig avgudsdyrkelse. Nå undrer de seg over at dere ikke løper med dem ut i den samme strøm av utskeielser, og derfor spotter de dere. Men de skal gjøre regnskap **for ham som står ferdig til å dømme levende og døde.** For derfor ble evangeliet forkynt også for de døde, for at de vel skulle dømmes som mennesker i kjødet, men leve som Gud i Ånden." (1 Peter 4:1-6)

Så frykt er relevant der og da.

Kan du stjele noe som er allerede stjålet?
Finnes det bruksanvisninger på unnskyldninger?

"Jeg vitner for Gud og Kristus Jesus, som skal dømme levende og døde, og ved hans **komme** (Gresk; epifaneia, åpenbaring) og hans rike: Forkynn Ordet! Vær rede i tide og utide. Overbevis, irettesett og trøst, med all tålmodighet og lære. For det skal komme en tid da de ikke skal tåle den sunne lære, men etter sine egne lyster skal de ta seg lærere i mengdevis, etter som det klør i øret på dem. De skal vende øret bort fra sannheten, og vende seg til eventyr." (2 Timoteus 4:1-4)

Frykten er den første som **løper** ut døra, når brannalarmen går.

Fornuften er den første som **går** ut døra, når det virkelig brenner.
Uvitenheten vrikker foten, i fart.

Frykten har nok med seg selv.

"Frykt er ikke i kjærligheten, men den fullkomne kjærlighet driver frykten ut. For frykten har med straff å gjøre, og den som frykter, er ikke blitt fullkommen i kjærligheten. Vi elsker fordi han elsket oss først."
(1 Johannes 4:18-19)

Og fornuften redder ikke liv, og dør heller ikke for andre.

"Dette er mitt bud at dere skal elske hverandre, likesom jeg har elsket dere. Ingen har større kjærlighet enn denne

at han setter sitt liv til for sine venner.''
(Johannes 15:12-13)

Å løpe hjelper ikke, du blir like våt!

''La oss glede oss og fryde oss og gi ham æren!
For Lammets bryllup er kommet, og hans brud har gjort
seg rede. Det er henne gitt å kle seg i rent og skinnende
fint lin. For det fine lin er de helliges rettferdige gjer-
ninger. Og han sier til meg: Skriv: Salige er de som er
innbudt til Lammets bryllupsmåltid! Han sier til meg:
Dette er Guds sanne ord.''
(Johannes Åpenbaring 19:7-9)

Djevelen bruker prestekrage, og han tar den av, når det
passer han.

Guds Ord har blitt høst, de har farger, men faller snart til
jorden.
Er du fra det himmelske, vil du glede deg, når Hans
vrede kommer.

''Fryd deg over den, du himmel, og dere hellige, og dere
apostler og profeter, fordi Gud har holdt dom over den
for dere!'' (Johannes Åpenbaring 18:20)

Er du fra verden, vil du være redd, når den kommer.

''Og den frukt som din sjel hadde lyst til, er blitt borte
for deg. Alt det fete, all din prakt og glans, er blitt borte

for deg. Og aldri mer skal det finnes. De som handler med slikt, de som er blitt rike ved henne, skal stå langt borte i **redsel** for hennes pine, gråtende og sørgende, og si: Ve, ve den store by! Du som var kledd i fint lin og purpur og skarlagen, og som lyste av gull og edelstener og perler-at så stor rikdom er ødelagt i én time.''
(Johannes Åpenbaring 18:14-16)

KAPITTEL 14

Å RIVE SEG I HÅRET

Kryptiske anfall, er et språk som ikke hører hjemme i et kristent vokabular, men skitt au. Det er vel ingen som er så **nøye** på det lenger heller.

Usømmelig tale.
‘‘Bli derfor Gud´s etterfølgere som hans elskede barn, og vandre i kjærlighet, likesom også Kristus elsket oss og gav seg selv for oss som en gave og et offer, en vellukt for Gud. Men hor og all slags urenhet eller pengegriskhet må ikke engang nevnes blant dere - som det sømmer seg for hellige og heller ikke skamløshet og dumt **snakk** (Gresk; morologia; dåre - snakk) eller **lettsindig skjemt,** som er usømmelig. Tvert imot, la det heller bringes takkebønn!’’ (Efeserne 5:1-4)

Å rive seg i håret, og å få hakaslep, er noe man skjuler godt.
Irettesettelse er ikke lenger "lov", det holder med at dere "bærer over med hverandre".

"Jeg **formaner** dere altså, jeg som er en fange for Herrens skyld, at dere vandrer slik det er verdig for det kall dere er kalt med, med all ydmykhet og **mildhet,** med langmodighet, så dere **bærer over med hverandre** i kjærlighet, og legger vinn på å bevare Åndens enhet i fredens samband." (Efeserne 4:1-3)

Mildhet; gresk; praus; ydmyk, saktmodig.
For den saktmodige er de typisk at han ikke kjemper med samme våpen eller svarer på samme måte, men overlater sin sak til Herren og venter på hans hjelp. (Norsk Bibel leksikon)

Hva med de som ikke lenger har noe hår, sa en pastor som fleipet over egen person. Det kan ikke være bra, han har jo mistet evnen til å være "hårsår". Når vi fleiper bort sannheten ligger vi dårlig ann. Og som sier Gud har skapt latter, Gud ler. Grunnet en gang på om **Gud ler,** og sjekket Bibel ordboka mi, det var ikke noe hyggelig lesing. Når Gud ler, er det bare å skjelve i buksene.

"Den ugudelige pønsker på ondt imot den rettferdige og skjærer tenner mot ham. **Herren ler** av ham, for han ser at hans dag kommer." (Salme 37:12-13)

Se, det går en strøm av ord ut av deres munn, det er sverd på deres lepper. Hvem hører vel det? Men du, Herre, **ler av dem**, du spotter alle folkeslag."
(Salme 59:8-9)

Messias´ seier og rike.

"Hvorfor larmer hedningene? Og hvorfor grunner folkene på det som fåfengt er? Jordens konger reiser seg, og fyrster rådslår sammen mot Herren og hans salvede. La oss sprenge deres bånd og kaste deres rep av oss! Han som troner i himmelen, **ler**. Herren spotter dem. Så taler han til dem i sin vrede, i sin store harme forferder han dem: Det er jo jeg som har innsatt min konge på Sion, mitt hellige berg. Jeg vil kunngjøre det som er fastsatt. Herren sa til meg: Du min Sønn, jeg har født deg i dag! Begjær av meg, så vil jeg gi deg hedningene til arv og jordens ender til eie. Du skal knuse dem med jernstav, som en pottemakers leirkar skal du slå dem i stykker. Og nå dere konger! Gå viselig fram! La dere advare, dere herskere på jorden!" (Salme 2:1-10)

Gud er ikke noen demokrat, ei heller republikaner.
Ikke prøver Han å være morsom heller.

Latteren har blitt krampaktig, vi skyver alvoret vekk, så vi kan få fred i hodene våres, med å le.

Jeg var i samtale med et par "søstre" i menigheten, angående vranglære, hvorpå den ene litt krast svarte meg; jeg har **ikke hørt** min pastor forkynne vranglære!
Hennes fornektelse gjorde meg sorg, så senere når jeg var alene med Jesus, så spurte jeg Ham.
Da svarer en stemme meg: Det er ikke det som blir sagt som er vranglære, men det som **ikke** blir sagt.
Å unnlate å forkynne hele evangeliet om Gud´s ord: Å

vrenge genseren din når du vasker den, gjør den nødvendigvis ikke renere. Du skåner bare utsiden av den, så den ser penere ut, lenger.

...Crying out loud (Gråte høyt, rope høyt) var det en som sa, som om hørselen blir bedre av den grunn. Å lukke hørselen er det automatikk i, Israelittene var gode til det.

"Herrens ord kom til meg, og det lød så: Menneskesønn! Du bor midt iblant den gjenstridige ætt, som har øyne og se med, men ikke ser, og ører å høre med, men ikke hører. For en gjenstridig ætt er de." (Esekiel 12:1-2)

Standhaftig er vi fortsatt, særlig når vi har bestemt oss for ikke å høre.
Det er de som foretrekker "software" fremfor "hardware".

"For det skal komme en tid da de ikke skal tåle den sunne lære, men etter sine egne **lyster** (Gresk; epithymia; begjær, lyst) skal de ta seg lærere i mengdevis, etter som det klør i øret på dem. De skal vende øret bort fra sannheten, og vende seg til eventyr." (2 Timoteus 4:3-4)

Kan forstå profetene i Gamle Testamentet, når Israel ikke ville **høre!**

Folkets synd og Esras sorg.
"De har tatt hustruer for seg og sine sønner blant deres døtre, så den hellige ætt har blandet seg med folkene i

landene. Og høvdingene og forstanderne har vært de første til å gjøre seg skyldig i denne utroskap. Da jeg **hørte** dette, sønderrev jeg kjortelen og kappen min, og jeg rev hår ut av hodet og skjegget og satt i stum sorg.'' (Esra 9:2-3)

Når noen tar deg fysisk på ordet, har det ikke lenger noe med språket å gjøre.

''Men før alt dette skjer, skal de legge hånd på dere og forfølge dere. De skal overgi dere til synagoger og fengsler og dere skal føres fram for konger og landshøvdinger for mitt navns skyld. Det skal føre til at dere får avlegge vitnesbyrd. Legg dere derfor på hjertet at dere ikke forut bekymrer dere for hvordan dere skal forsvare dere. For jeg vil gi dere munn og visdom som ingen av deres motstandere skal kunne stå imot eller motsi. Men dere skal bli angitt også av foreldre og brødre, av slekt og venner, og de skal sende noen av dere i døden. Og dere skal bli hatet av alle for mitt navns skyld. Men **ikke et hår på deres hode** skal gå tapt. Hold ut, så skal dere vinne deres sjeler.'' (Lukas 21:12-19)

La oss reversere dette kapitelet, logge oss ut, søke etter et annet sted å lete, kanskje du finner noe der. Det er de som aldri gir seg, og lese en bok kan være bortkastet, særlig hvis det ikke gir deg noe.

"Rasshøl" er ikke nødvendigvis mer "rasshøl" enn alle "oss andre", det er bare slik, at de skjuler ikke baksiden, av seg selv.

Grammatikken vil gjerne bøye seg frem, for å bli kysset, der hvor den er høyest, når den er ute å plukker blåbær.

Det er fra barn og fulle mennesker du skal høre sannheten. Er det mulig å lyve, men enn det?

I visdommens hus er frelsende kunnskap.

"Hold dere borte fra uforstandige mennesker, så skal dere leve! Gå rett fram på **forstandens** vei! Den som refser en spotter, henter seg selv vanære, og den som viser en **ugudelig** (Hebraisk; rasna; skyldig, ugudelig) til **rette** (Hebraisk; jakach; tukte, straffe), får skam av det. Vis ikke spotteren til rette, for at han ikke skal hate deg! Tilrettevis den vise, så skal han elske deg. Lær den vise, så blir han enda mer vis. Lær den rettferdige, så går han fram i lærdom. Å frykte Herren er begynnelsen til visdom, og å kjenne Den Hellige er **forstand.**" (Ordspråkene 9:6-10)

Å banne er enkelt, det er språket til de som banner også. Å jobbe i byggebransjen for over 35 år, blir sausen mer enn krydret.

"Og Herren sa til Abram: Dra bort fra ditt land og fra din slekt og fra din fars hus til det landet som jeg vil vise deg! Jeg vil gjøre deg til et stort folk. Jeg vil velsigne deg og gjøre ditt navn stort, og du skal bli en velsignelse. Jeg vil velsigne dem som velsigner deg, og den som forbanner deg, vil jeg forbanne. Og i deg skal alle jordens slekter velsignes.'' (1 Mosebok 12:1-3)

I Norge sier vi: Det er bare Nordlendinger og Molboere som banner, det betyr; at det er mange Molboere rundt omkring.

Molboer, innbyggere av halvøya Mols, Øst-Jylland. De er blitt berømte pga. Danske skjemtehistorier, som skildrer dem som dumme og trangsynte. De samme historier finnes i andre land med annen stedfesting, også i Norge. (Store ettbinds leksikon)

Forbannelse; forbannelse skjer i den hensikt å ønske skade, ulykke over noen, til bekreftelse av et løfte og lignende. Ofte står forbannelse som motsetning til velsignelse. Å være forbannet betegner i Nye Testamentet det samme som å tilhøre fortapelsen, å være skilt fra Kristus. (Bibel-leksikon)

Å si: Nå er jeg forbannet; burde tenke seg om, eller omvende tanken; om du vil.

Når toppidrettsutøveren sier, etter å ha tatt OL-gull: Nå er jeg sinnsykt glad, burde være med meg på en psykriatisk lukket avdeling, der hvor pasientene blir lobotomert med medisiner.

Vi har tanken, men tenker vi oss om?

''La den som gjør **urett** (Gresk; adikeo; gjøre urett, ska-
de) fortsatt gjøre urett, og la den urene fortsatt bli uren!
Og la den rettferdige fortsatt gjøre rettferdighet, og la
den hellige fortsatt bli helliggjort!''
(Johannes Åpenbaring 22:11)

Så var dét det med å peke finger igjen!

Å rive seg i håret, menes selvfølgelig sitt eget.
Dette er enkelt; enten så har vi djevelen til far, eller så
har vi Den Allmektige, til Far, Han som sendte sin En-
bårne Sønn.

Man kan jo "rive seg i håret", for **mer** enn det.
Men siden vi tåler så lite...

Den som har tatt imot hans vitnesbyrd, har stadfestet at
Gud er sanndru. For han som Gud har utsendt, taler Guds
ord. For Gud gir ikke Ånden etter mål. Faderen elsker
Sønnen, og alt har han gitt i hans hånd. Den som tror på
Sønnen, har evig liv. Men den som ikke vil tro på Søn-
nen, skal ikke se livet, men Guds vrede blir over ham.''
(Johannes 3:33-36)

Katastrofe (Av gresk), uventet ulykke, ulykkes hending,
sammenbrudd; katastrofal, tilintetgjørende, knusende.
Så neste gang, vil du kanskje bruke et annet ord, når du
ikke rakk bussen, på vei til jobb...

Flyet på himmelen,
er ikke hva du ser.
Mannen på månen,
finnes ikke,
annet i en romdrakt.

Fyrer vi i peisen, når det er hetebølge.

Roper vi "Hurra", når det
ikke er noe og rope "Hurra" for.

Denne kloden skal bli tilintetgjort, ikke av et menneske,
men av menneskeheten selv.
Å skylde på meteoritter, kan du se langt etter. Blir som å
skylde på flommen på Noah´s tid.

''Men Herrens dag skal komme som en tyv, og da skal
himlene forgå med veldig brak, og **himmellegemene**
(Gresk; stoicheion element; retningsregel, grunnregel,
barnelærdom) skal komme i brann og gå i oppløsning, og
jorden og alt som er bygd på den, skal brenne opp. Da nå
alt dette går i oppløsning, hvor viktig er det da at dere
ferdes i hellighet og gudsfrykt, mens dere venter på at
Gud´s dag skal komme, og fremskynder den. Da skal
himlene oppløses i ild og himmellegemene smelte i
brann. Men vi venter etter hans løfte nye himler og en ny
jord, hvor **rettferdighet** bor.'' (2 Peter 3:10-13)

Hvordan skille åpenbaringene fra intellektet, hvordan
skille olje fra vann. Begge har sin nytteverdi, men det

blir som å si; vil du leve, eller vil du bare overleve. Red-
de seg selv i siste liten, er det mange som har gjort, men
la det ikke være en leveregel. Kommafeil kan være fatalt,
å bli skjelt ut for å si noe feil, er det mange som har opp-
levd.

Ugh, ugh sa høvdingen og tok skalpen din. Den henger
så fint i beltet mitt, og der får den tørke skikkelig ut.

''Også dere har han gjort levende, dere som var døde ved
deres overtredelser og synder. I disse vandret dere før på
denne verdens vis, etter høvdingen (Les Satan) over luf-
tens makter, den ånd som nå er virksom i **vantroens**
(Gresk; apeitheia; vantro, ulydighet, "ikke ville la seg
overtale") barn. Også vi vandret alle blant dem i vårt
kjøds lyster, (Gresk; epithyrmia; begjær, lyst) og vi gjor-
de kjødets og **tankenes** (Gresk; dianoia; forstand, tanke,
sinn. Nye Testamentet bruker dette ordet om et mennes-
kes indre evne til å uttrykke viljeshandlinger eller
følelser. Det oversettes ofte med "hjerte") vilje. Vi var av
naturen vredens barn likesom de andre.''
(Efeserne 2:1-3)

Rampelyset er over, Elvis (Presley) har forlatt byg-
ningen.
Stjernene har slukket, og noen ganger eksploderer dem.
Jeg bruker språket, helt til det er slutt, bretter det pent
sammen, og legger det bort.
Det er de, som aldri gir seg, og legger det bare ut.
Implosjon i en tanke, når eksplosjonen er et faktum, er

det ingen igjen. Bare meg!

Implosjon - En prossess når noe trekker seg sammen.

Så tanken styrer tungen!
''Mine brødre!
Ikke mange av dere må bli lærere! For dere vet at vi skal få desto strengere dom.
Og vi snubler **alle** i så mangt. Den som ikke snubler i tale, er en fullkommen mann, i stand til å holde hele legemet i tømme. Når vi legger bissel i munnen på hestene, for at de skal lystre oss, så styrer vi også hele kroppen deres.

Se, også skipene, som er så store og drives av sterke vinder, de styres av et ganske lite ror dit hvor styrmannen vil. Slik er det også med tungen. Den er et lite lem, men taler likevel store ord. Se, en liten ild, hvor stor en skog den setter i brann! Også tungen er en ild. Som en verden av urettferdighet står tungen blant våre lemmer. Den smitter hele legemet og setter **livshjulet** (Gresk; genesis; fødsel) i brann, og selv blir den satt i brann av helvete. For all natur, både hos villdyr og fugler, krypdyr og sjødyr, kan bli temmet og er blitt temmet av den menneskelige natur. Men tungen kan ikke noen menneske temme. Den er et ustyrlig onde, full av dødelig gift. Med den velsigner vi Herren og Faderen, og med den forbanner vi menneskene, som er skapt etter Guds bilde. Av samme munn går det ut velsignelse og forbannelse. Mine brødre, det må ikke være slik!''
(Jakob 3:1-10)

KAPITTEL 15

LOTS HUSTRU

Jeg vet ikke hvor mange ganger jeg har havnet på en "brun pub", sammen med slitne alkoholiserte mennesker, som har avspasert for lenge siden. Som ikke lenger bryr seg om hvilket sporstoffer man kan finne i urinen deres, og helse ikke lenger er et tema.

Men som oppmuntrer hverandre med fortellinger om "de gode gamle dager". Der hvor solen skinte, og vinen var av god gammel årgang. Å hoppe etter Wirkola, er ikke lett. Å se seg tilbake, kan man dø av.

Sodomas ødeleggelse.
''Da lot Herren det regne ned over Sodoma og Gomorra svovel og ild fra Herren, ut av himmelen. Han ødela disse byene og hele sletten, alle dem som bodde i byen, og alt som grodde på marken. **Men Lots hustru, som fulgte etter ham, så seg tilbake. Da ble hun til en saltstøtte.** Tidlig om morgenen gikk Abraham til det sted hvor han hadde stått for Herrens åsyn, og han så ut over Sodoma

og Gomorra og hele slettelandet, og se, røken steg opp fra landet som røken fra en smelteovn.''
(1 Mosebok 19:24-28)

Og siden salt er oppløselig med vann, ble hun ikke stående særlig lenge.

"Dere sier: Herren har latt profeter stå fram for oss i Babel! Så sier herren om kongen som sitter på Davids trone, og om alt folket som bor i denne byen, deres brødre, som ikke har dratt ut med dere blant de bortførte. Så sier Herren, hærskarenes Gud: Se, jeg sender sverd, hunger og pest blant dem og gjør med dem som en gjør med dårlig fikener, **som er så dårlige at de ikke kan spises**." (Jeremia 29:15-17)

....som er så dårlige at de ikke kan spises. **Så dårlige at det ikke lenger er rom for omvendelse.**

"Jeg vil forfølge dem med sverd og hunger og pest, og jeg vil la dem bli mishandlet av alle jordens riker og gjøre dem til en forbannelse og et skremsel, til spot og hån blant alle de folkeslag som jeg driver dem bort til, fordi de ikke hørte på mine ord, sier Herren, da jeg sendte mine tjenere profetene til dem, tidlig og sent. Men dere ville ikke høre, sier Herren." (Jeremia 29:18-19)

Et steinhjerte er dødelig.
"De sa til ham: Hvorfor har da Moses bestemt at en skulle gi hustruen skillsmissebrev og skille seg fra hen-

ne?

Han sa til dem: **Fordi dere har så hardt et hjerte,** tillot Moses at dere skiller dere fra deres hustruer. Men fra **begynnelsen** (Gresk; arche; begynnelse, opphav) av var det ikke slik.'' (Matteus 19:7-8)

Å følge Jesus.

''Mens de gikk videre på veien, sa en til ham: Jeg vil følge deg hvor du så går!

Jesus sa til ham: Revene har huler, himmelens fugler har reder, men menneskesønnen har ikke det han kan helle sitt hode til. Men til en annen sa han: Følg meg! Han sa: Herre, la meg først få lov til å gå bort og begrave min far. Men Jesus sa til ham: La de døde begrave sine døde. Gå du avsted og forkynn Guds rike. Det var også en annen som sa: Jeg vil følge deg, Herre. Men la meg først få lov til å si farvel til dem der hjemme. **Men Jesus sa til ham: Ingen som legger sin hånd på plogen og ser seg tilbake, er skikket for Guds rike.**'' (Lukas 9:57-62)

Djevelen er "god" til å minne oss om fortid, som vi gjerne vil glemme.

Eller "god" til å minne oss på ting vi helst burde glemme.

''Det vitner også Den hellige Ånd for oss. For etter at han har sagt: Dette er den pakt jeg vil opprette med dem etter disse dager - **så sier Herren: Jeg vil gi mine lover i deres hjerter og skrive dem i deres sinn, og deres synder og deres overtredelser vil jeg ikke mer komme i hu. Men der det er forlatelse for syndene, trenger**

ikke lenger noe offer for synd.'' (Hebreerne 10:15:18)

Utilgivelse glemmer ikke, ei heller bitterhet.
La heller det som er bak, bli et vitnesbyrd.

''Ikke så at jeg alt har nådd dette eller allerede er full-
kommen. Men jeg jager etter det for å kunne gripe det,
fordi jeg selv er grepet av Kristus Jesus. Brødre, jeg me-
ner ikke om meg selv at jeg har grepet det. Men ett gjør
jeg: Jeg glemmer det som ligger bak og strekker meg ut
etter det som er foran, **og jager mot målet,** til den sei-
erspris som Gud har kalt oss til der ovenfra i Kristus
Jesus.'' (Filipperne 3:12-14)

Hørt det før; så hvorfor har du ikke **gjort** noe med det?
Ja vel, så bare bli stående du, og se hva som skjer.

Senere utpekte Herren sytti andre og sendte dem ut foran
seg, to og to, til hver by og hvert sted han selv skulle
komme. Han sa til dem: Høsten er stor, men arbeiderne
få. Be derfor høstens herre at han vil drive arbeiderne ut
til sin høst! Gå av sted. Se, jeg sender dere som lam midt
iblant ulver. Bær ikke pung, ikke skreppe, ikke sko. Gi
dere ikke i snakk med folk langs veien. Når dere kommer
inn i et hus, så si først: Fred være med dette hus!
Og er det et fredens barn der, så skal deres fred hvile
over ham, men hvis ikke skal den vende tilbake til dere.
Bli i det huset, og et og drikk det de byr dere, for arbei-
deren er sin lønn verd. Flytt ikke fra hus til hus.
Når dere kommer inn i en by og de tar imot dere, så kan

dere ete det som blir satt fram for dere. Helbred de syke i byen, og si til dem: Guds rike er kommet nær til dere! Men hvor dere kommer inn i en by og de ikke tar imot dere, der skal dere gå ut på byens gater og si: Til og med støvet fra byen deres, som er blitt hengende ved våre føtter, børster vi av mot dere. Men det skal dere vite at Guds rike er kommet nær. **Jeg sier dere: Det skal gå Sodoma tåligere på den dag enn den byen.''**
(Lukas 10:1-12)

Hjemkomsten.
Fortell alle, at jeg er
kommet tilbake.
Sladder kan være fint,
så slipper jeg å gjøre det selv.

Å komme tilbake, for å se
at alt har vokst,
for å se de unge har blitt eldre.
De eldre ikke lengre er,
bare borte.

En boligblokk blir ikke
eldre, den bare forringes.
Vedlikehold er kostbart, selv
om det ser nytt ut.

Å se naboen puste tungt
opp trappene,
lurer du på om hjemkomsten

var vært det.

Å se nye skudd på en grønn
stueplante, de er grønne, likevel
skiller de seg ut.
Ikke er de grønnere,
men synlige.

Å lengte hjem til det gamle,
er ikke det samme som å få,
tilgang til det nye,
det lovende land er et løfte,
som vi ikke tok.

Å se at gresset ikke er grønnere,
på den andre siden,
bare ørken,
vil jeg heller bli ønsket velkommen
tilbake.

Back to Egypt, eller verden om du vil.
''Så brøt de opp fra Elim. Den femtende dagen i den
andre måneden etter at de var dratt ut av landet **Egypt,**
kom hele Israels barns menighet til ørkenen Sin, som
ligger mellom Elim og Sinai. Og hele **Israels barns me-
nighet knurret** mot Moses og Aaron i ørkenen. Israels
barn sa til dem: **Å, om vi bare hadde fått dø for Her-
rens hånd i landet Egypt da vi satt ved kjøttgrytene,
og da vi åt brød til vi var mette!** Nå har dere ført oss ut
i ørkenen for at hele folkemengden skal dø av sult. Da sa

Herren til Moses: Se, jeg vil la brød regne ned fra him-melen til dere. Folket skal gå ut og sanke for hver dag det de trenger. Slik vil jeg **prøve** dem, om de vil følge min lov eller ikke. Den sjette dagen skal de lage til det som de har hatt med hjem, og det skal ellers være dob-belt så mye som det de ellers sanker for hver dag. Moses og Aaron sa til alle Israels barn: I kveld skal dere kjenne at det er Herren som har ført dere ut av landet Egypt. Og i morgen tidlig skal dere få se Herrens herlighet, for han har hørt hvordan dere knurrer mot ham. For hva er vel vi, siden dere knurrer mot oss? Og Moses sa: Dette skal dere få se når Herren i kveld gir dere kjøtt og ete og i morgen tidlig brød, så dere blir mette. **For Herren har hørt hvordan dere knurrer og murrer mot ham. For hva er vel vi? Det er ikke mot oss dere knurrer, men mot Herren.''** (2 Mosebok 16:1-8)

Å finne svaret på gåten om Lots hustru, finner du hos Lot.
Å se seg tilbake, kommer senere.
Ulydighet viser seg ved handling.

''Da nå morgenen grydde, skyndte englene på Lot og sa: Stå opp, ta din hustru og dine to døtre som er her, så du ikke blir revet bort på grunn av **ondskapen** (Hebraisk; awon; synd, skyld, misgjerninger, nød) her i byen. Men da han **nølte,** tok mennene både ham og hans hustru og hans to døtre ved hånden, for Herren hadde barmhjertig-het med ham, og de førte ham ut og ledet ham til han var utenfor byen. Da de nå hadde ført dem utenfor byen, sa

den ene: Fly for ditt liv! Se deg ikke tilbake og stans ikke noe sted på hele sletten. Fly opp i fjellene for at du ikke skal bli revet bort! Men Lot sa til dem: Å nei, Herre! Se, nå har din tjener funnet nåde for dine øyne, stor er den miskunnhet du har vist meg ved å berge mitt liv. Men jeg er ikke istand til å flykte opp i fjellene uten at ulykken kan nå meg så jeg dør. Se, byen der borte er nær nok å flykte til, og den er liten? Så jeg kan berge livet! Da sa han til ham: Se, også dette har jeg hørt deg. Jeg skal ikke ødelegge den byen du har talt om. Skynd deg, flykt dit! Derfor har byen fått navnet Soar. (Betyr liten) Solen var gått opp over jorden da Lot kom til Soar.''
(1 Mosebok 19:15-23)

De som er liten i Guds øyne, snur seg ikke tilbake.
Når Lots hustru puttet nesen sin opp i alt det ugudelige, å bry seg med alt som skjer, å tro at sladder er å bry seg, med hva naboen gjør. Og fordi hun ikke hadde noe annet å gjøre, er å trekke det **vel** litt langt. Hun deltok i synden, men hun var ikke delaktig i den. Ellers ville hun jo ikke ha snudd seg.

''Når det er forbi med veden, slokner ilden. Og når baktaleren er borte, stilner tretten. Som kull blir til glør, og som ved nærer ild, slik vekkes strid av en trettekjær mann. **Baktalerens ord er som lekre retter,** og de trenger ned i menneskets indre. Som sølvbelegg på et leirkar er ildende lepper sammen med et **ondt hjerte.** Med sine lepper skaper den hatefulle seg til, men i sitt indre gjemmer han svik. Når han gjør sin røst blid, så tro

han ikke! For det er sju slags styggedom i hans hjerte. Den hatefulle skjuler seg i svik, men hans ondskap blir åpenbaret i forsamlingen. Den som graver en grav, skal falle i den. Den som velter opp en stein, på ham skal den rulle tilbake. En løgnaktig tunge hater dem som den har knust, og en falsk munn volder fall.''
(Ordspråkene 26:20-28)

Min fengselstjeneste, som er mitt vitnesbyrd, blant flere, som når "brødre og søstre" i menigheten får høre om tjenesten, og blir interesert til å bli med. En engasjert "broder" sa seg mer enn villig til å delta, hvor på jeg svarte: Ja, det kan du, for det er jo Bibelsk. Tausheten lå i luften en stund, inntil han festet blikket på meg og spurte: Si meg, hva har disse innsatte egentlig **gjort,** siden de sitter inne?
Første tanken som slår meg, var: Du har ikke noe der å gjøre. Lots hustru kan finne på noe annet.
Å snu seg tilbake, kan du gjøre et annet sted.

Å like det man ser, og samtidig holde fast på noe.
''Og Abram drog ut fra Egypt opp til sydlandet, han og hans hustru med alt han eide. Og Lot var med ham. Abram var meget rik på budskap og på sølv og gull. Og han drog i dagsreiser fra sydlandet helt til Betel, til det sted hvor hans telt hadde stått i begynnelsen, mellom Betel og **Ai,** til det stedet hvor han hadde bygd et alter forrige gang. Der påkalte Abram Herrens navn. Men også Lot, som drog sammen med Abram, hadde småfe og strofe og telt. Og landet kunne ikke romme dem, så de kunne bo

sammen, for deres eiendom var for stor til at de kunne bo
sammen. Det ble trette mellom dem som gjetter Abrams
kveg og dem som gjette for Lot. Kanáeneerne og ferisit-
tene bodde den gang i landet. Da sa Abram til Lot: Jeg
ber deg, la det ikke være trette mellom meg og deg, og
mellom mine gjetere og dine gjetere! Vi er jo brødre.
Ligger ikke hele landet åpent for deg? Jeg ber deg,
skill deg fra meg! Hvis du tar til venstre, vil jeg dra til
høyre. Hvis du tar til høyre, vil jeg dra til venstre. Da
løftet Lot sine øyne, og han så at hele Jordan-sletten like
til Soar overalt var vannrik, som Herrens hage, som lan-
det Egypt. Dette var **før** Herren ødela Sodoma og
Gomorra. Så valgte Lot for seg selv hele Jordan - sletten.
Og Lot drog østover, og de skiltes fra hverandre. **Abram
ble boende i Kana´ans land.**
Men Lot tok bolig i byene på sletten, han flyttet sine telt
så langt som til Sodoma. Men Sodomas menn var onde
og syndet mot Herren.'' (1 Mosebok 13:1-13)

Slettelandskapene som Lot valgte, det **tok** hun (Lots hus-
tru) for gitt, å lot det bli til sitt eget.
Egenrettferdighet må jo ha, en dypere mening. Som å bo
på en øy, uten mulighet til å komme seg vekk.

''Den sjuende engelen tømte sin skål ut i luften. Og en
veldig røst kom fra tronen i templet i himmelen, og sa:
Det er skjedd! Det kom lyn og røster og tordendrønn. Og
det kom et stort jordskjelv, et slikt som ikke har vært fra
den tid menneskene ble til på jorden - et slikt jordskjelv,
så stort. Den store by ble delt i tre deler, og folkenes byer

falt i grus. Og Gud kom i hu Babylon, den store, så han gav den begeret med hans strenge vredes vin. **Hver en øy vek bort,** og fjell ble ikke funnet. Og fra himmelen falt hagl så svært som hundre pund ned på menneskene. **Men de spottet Gud for haglets plage, for plagen var meget stor.**'' (Johannes Åpenbaring 16:17-21)

Egenrettferdighet.
Se også: Egen, selvgod, fariseer, tykkes, selvros, ren. Hva egenrettferdighet er; en vederstyggelighet for Gud: En menneskelig tilbøyelighet. Utvortes rettferdighet. Som et urent klesplagg. Utilstrekkelig til frelse. Til intet gagn. Selvros.

Da er det kort vei til å bli egensindig (het) også: Egenvilje, gjenstridighet, selvklok, selvrådighet, selvsikker, herske, vrang, lyst.

Har sin rot i: Et ondt hjerte, vantro stolthet
Gir seg utrykk i: Uvilje mot å høre Guds ord.
Vil ikke høre på Guds sendebud.
Vil ikke vandre på Guds veier, ulydig mot foreldre.
Nekter å motta tukt.
Opprør mot Gud. **Står Den Hellige Ånd imot.**
Vender Herren ryggen. (Eller snur seg, og ser tilbake)
Følger sin egen lyst.
Gjør etter sin egen vilje.
Forakter herredømme.
Selvklokhet, selvrådighet.
-Egensindighetens følger: Straff til døden. (Norsk Bibel-

leksikon)

Og da ble det meg åpenbart, denne dama (Les: Lots hustru) hadde "full pakke".
Hun hadde hele synderegisteret, for å si det slik.

Synd: Synd er lovbrudd: Ulydighet mot Guds vilje og overtredelse av hans lov.

Det finnes ingen frelse hos sladrekjerringene!
Bare splittelse.

Når omvendelsen er å vende seg om, i feil retning. Snu deg ikke tilbake, er klar tale.

''Jesus sier: På samme vis - slik som det var i Lots dager: De åt og drakk, de kjøpte og solgte, plantet og bygde. Men den dag da Lot gikk ut av Sodoma, lot Gud det regne ild og svovel fra himmelen og ødela dem alle. Slik skal det også være på den dag Menneskesønnen åpenbares. På den dag må den som er oppe på taket og har sine ting inne i huset, ikke stige ned for å hente dem. Heller ikke må den som er ute på marken, vende hjem igjen. **Kom Lots hustru i hu!** Den som søker å vinne sitt liv, skal miste det. Og den som mister sitt liv, skal bevare det.'' (Lukas 17:28-33)

Det er de som skulle ønske det fantes en tidsmaskin, så de kunne reist tilbake og endret på en del ting.
Da kan jeg minne deg på, at det har du allerede. Det er

bare å snu seg og se seg tilbake.
Endre ting, gjør du, med å se fremover, mot målet.

Den som søker å vinne sitt liv, vil stagnere, synlige salts-
tøtter i livet du lever, som du dør av.

Israel (Les: Jøder) i Tyskland før andre verdenskrig brøt
ut, når Adolf Hitler kom til makten i 1933. I dét
momanget før hans visjoner fikk eskalere. Det var mange
som kjente i sitt hjerte, hvilken "antikrist" han var, som
tok advarselen på alvor og forlot Tyskland.

''Mine barn, det er den siste time. Og likesom dere har
hørt at antikrist kommer, så er det alt nå stått fram mange
antikrister. Av dette **vet** (Gresk; ginosko; kjenne, vite,
forstå) vi at det er den siste time.'' (1 Johannes 2:18)

Hva med de som valgte å bli, som holdt fast på hva de
hadde, som ikke ville gi slipp.
Og som sa til seg selv: Det ordner seg **nok!**

Ca 6 millioner jøder ble drept i tidsrommet 1938-1945,
som om et tall har noen betydning.

Holocaust (Gresk for fullstendig brent, brukt som bren-
noffer) også kjent som ha-shoah. (Hebraisk,
tilintetgjørelse)
Termen "holocaust" kommer fra det greske ordet
"holókauston", som betyr dyreoffer gitt til en gud og der
hele (holo) dyret er fullstendig brent. ("Kaustos")

Det bibelske ordet shoah, som betyr "katastrofen", ble standard hebraisk benevnelse for holocaust fra 1940 tallet. Shoah foretrekkes fremfor "holocaust" av mange grunner, deriblant den teologiske betydningen av ordet som refererer til greske hedenske skikker. (Wikipedia)

Det er ikke bare bare å bli frelst, særlig hvis du ikke holder ut til enden.

"Og dere skal bli hatet av alle for mitt navns skyld. (Les Jesus Kristus)
Men den som holder ut til enden han skal bli frelst."
(Matteus 10:22)

Nidkjærhet og miskunn.
Israels forkastelse er ikke endelig.

"Jeg sier da: Har de snublet for at de skulle falle? Lang derifra! Men ved deres fall er frelsen kommet til hedningene for å vekke **Israel til nidkjærhet.** Men hvis deres fall er blitt til en rikdom for verden, og er deres fåtalighet blitt til en rikdom for hedningene, hvor meget mer da deres fulltallighet! Til dere hedninger vil jeg si: Så sant jeg er hedningenes apostel, priser jeg min tjeneste - kunne jeg bare vekke mine frender etter kjødet til **nidkjærhet** og få frelst noen av dem.
For er verden blitt forlikt med Gud ved deres forkastelse, (Les: av Kristus) hva annet vil da deres antakelse bli enn liv av døde? Men er førstegrøden hellig, da er også deigen hellig. **Og er roten hellig, da er grenene det også.**

Men om nå noen av grenene ble brutt av, og du som er en vill oljekvist, ble podet inn blant dem og fikk del med dem i sevjen fra roten, så ros deg ikke mot grenene! Roser du deg, så vit at det er ikke du som bærer roten, men roten som bærer deg! Du vil da si: Grenene ble brukket av for at jeg skulle bli podet inn. **Nåvel! På grunn av vantro ble de avbrutt.** Men du står ved din tro. Vær ikke overmodig, men frykt! For sparte ikke Gud de naturlige grenene, vil han heller ikke spare deg. **Se derfor Guds godhet og strenghet - strenghet mot dem som falt, men over deg er Guds godhet, så sant du holder fast ved hans godhet. Ellers skal også du bli hogd av.** Men også de andre skal bli innpodet, hvis de ikke holder fast ved sin vantro. For Gud er mektig til å pode dem inn igjen. Du ble avhogd av det oljetre som av naturen er vilt, og mot naturen innpodet i et edelt oljetre. Hvor meget mer skal da de naturlige grener bli innpodet i sitt eget oljetre, som de etter naturen tilhører! For jeg vil ikke, brødre, at dere skal være uvitende om denne hemmelighet - for at dere ikke skal anse dere selv for kloke: **Forherdelse** er for en del kommet over Israel, inntil hedningenes fylde er kommet inn. Og slik skal hele Israel bli frelst, som det står skrevet: Fra Sion skal befrieren komme. Han skal rydde bort ugudelighet fra Jakob. Og dette skal være min pakt med dem, når jeg tar bort deres synder. Når det gjelder evangeliet, er de blitt fiender for deres skyld. Men når det gjelder utvelgelsen, er de elsket for fedrenes skyld. For Gud angrer ikke sine nådegaver og sitt kall. **Dere var jo en gang ulydige mot Gud,** men nå har dere fått **miskunn,** fordi de andre var ulydige. På samme måte har nå de vært ulydige, men ved den **miskunn** dere har fått, skal også de få **miskunn**. For Gud har innesluttet dem alle under ulydigheten, for at han kunne vise **miskunn** mot dem alle. Å dyp av rikdom og visdom og **kunnskap** (Gresk; gnosis; kjenne, erkjenne, vite) hos Gud! **Hvor uransakelige hans dommer er,** og hvor usporlige hans veier. For hvem **kjente** vel Herrens sinn? Eller hvem var hans rådgiver? Eller hvem gav ham noe først så han skulle få vederlag? For av ham og ved ham og til ham er alle ting. **Ham tilhører æren i all evighet. Amen.**'' (Romerne 11:11-36)

Miskunn.
Se også: Forbarme, ynke, medfølelse, nåde, overbærende, tålmodig, skåne, hjelp, **Kristus,** yppersteprest.

''De ville ikke høre og kom ikke i hu de undergjerninger du hadde gjort for dem. **De var hårdnakkede** og valgte seg en høvding **og ville i sin gjenstridighet vende tilbake til trelldommen.** Men du er en Gud som tilgir, nådig og barmhjertig, langmodig og rik på **miskunn.** Og du forlot dem ikke.'' (Nehemja 9:17)

Nidkjær.
Se også: Ivrig, iver, brennende, grådig, grådighet, hissig, hige, flid, nøye. De hebraiske og greske ord for vårt "nidkjærhet" er henholdsvis gin´a og **zélos.** Det siste blir ofte oversatt med iver. Nidkjærhet forekommer sjelden i Gamle Testamentet som menneskelig affekt. Når Bibelen taler om at Gud er nidkjær, betyr det at Herren ivrer for

sin eksklusivitet, han ivrer for å eie Israel helt for seg, **han tåler ingen annen gud ved siden av seg.** "Med nidkjærhet attrår han den ånd han lot bo i oss". Jakob 4:5. Herrens nidkjærhet er altså uttrykk for intensiviteten både Guds vrede og Gud kjærlighet. (Bibelleksikon)

La oss se oss tilbake, til Lots hustru, hun som ser seg tilbake, stadig vekk, og minne henne på hva Bibelen sier.

''Så sant jeg lever, sier Herren Herren: Sodoma, din søster, med sine døtre har ikke gjort som du og dine døtre har gjort. (Les: Jerusalem) Se, dette er Sodomas, din søsters misgjerning (Awon; hebraisk; synd, skyld, misgjerning, nød) :**Overmot. Overflød av brød og trygg ro hadde hun og hennes døtre. Men den elendige og fattige hjalp hun ikke.** De **opphøyet** seg og gjorde det som var en **styggedom** for mitt åsyn, og jeg drev dem bort, så snart jeg så det.'' (Esekiel 16:48-50)

Sodoma.
Og se ut av et vindu,
ser man ikke alt,
men nok

Og man kan se seg tilbake
når det er,
mørkt nok.

Og man kan ikke
lure seg unna,

sannheten,
i et speilbilde.

"Og kongen (Jesus Kristus) skal svare og si til dem:
Sannelig sier jeg dere: Alt dere gjorde mot én av disse
mine minste brødre, det gjorde dere mot meg. Så skal
han si til dem på venstre side: Gå bort fra meg, dere som
er forbannet, til den evige ild, som er beredt for djevelen
og hans engler. For jeg var sulten, og dere gav meg ikke
mat. Jeg var tørst, og dere gav meg ikke å drikke. Jeg var
fremmed, og dere tok ikke imot meg. Jeg var naken, og
dere kledde meg ikke. Jeg var syk og i fengsel, og dere
så ikke til meg. Da skal de svare ham, også de, og si:
Herre, når så vi deg sulten eller tørst eller fremmed eller
naken eller syk eller i fengsel, og tjente deg ikke? Da
skal han svare dem og si: Sannelig sier jeg dere: Det dere
ikke gjorde mot én av disse minste, det har dere heller
ikke gjort mot meg. Og disse skal gå bort til evig pine,
men de rettferdige til evig liv." (Matteus 25:40-46)

KAPITTEL 16

HVER GANG JEG VÅKNER

Hver gang jeg våkner til en ny dag, er allerede den foregående dagen foreldet, uten at den smaker gammelt.
Men den har mistet sin kraft, bekymringer og frykt, har du med i bagasjen til den nye dagen.

''Vær da ikke bekymret for morgendagen.
For morgendagen skal bekymre seg for seg selv. Hver dag har nok med sin egen plage.'' (Matteus 6:34)

Gleden og latteren, som forventningsfulle barn, venter bare på mulighetene. En dag er ikke bortkastet, og man kan ikke bare sove den bort.
Alt som man legger bak seg er som en reise langs en vei, eller på en romferge i universet, ser mot noe som er lite, som blir stort, idet du passerer det, for så å bli lite igjen.
Hver gang jeg våkner er tilstanden forskjellig. Man legger bare ikke alltid merke til det.

Mine holdninger kan holde meg igjen, selv når jeg våkner til en ny dag.

"Han skal tørke bort hver tåre fra deres øyne. Og døden skal ikke være mer, og ikke sorg, og ikke skrik, og ikke pine skal være mer. For de første ting er veket bort." (Johannes Åpenbaring 21:4)

Hva skal jeg med evigheten, når jeg har nok med dagen i dag.

"Den som seirer, skal arve alle ting. Jeg vil være hans Gud og han skal være min Sønn." (Johannes Åpenbaring 21:7) (Les også datter)

Vi er her nede alene, enten du liker det eller ei, for evangeliet om Jesus Kristus er individuelt, ikke nasjonalt, eller internasjonalt om du vil.
Du blir ikke med kona di, bare fordi hun er født på ny.

"Den som søker å vinne sitt liv, skal miste det. Og den som mister sitt liv, skal bevare det. Jeg sier dere: Den natt skal to være i én seng. Den ene skal bli tatt med, den andre skal bli latt tilbake." (Lukas 17:33-34)

Å miste noen, i dagen i dag, og sorg er noe du kan våkne opp til. Det hjelper sjelden, selv om du går deg en tur.

Velsignelse er noe du tar med deg, men den kan ikke hjelpe deg. Velsigneren er en du har.
Han er alltid tilstede, og du trenger ikke å gå noe sted.

Et hode er alltid våken, det er bare **jeg** som sover.

Hver gang jeg våkner skyndter jeg meg tilbake til start.
Hva hvis paradiset fortsatt var opprettet?

Dette lille syndige landet, (Les Norge) som har gjort det stort.

Jeg fant, jeg fant!
Det er mere å finne, vi vil aldri slutte å lete, til det ikke er mere igjen.
Naturen var fornøyd med lite, grådigheten er aldri fornøyd med noe.

Forsvant troen når oljen ble funnet, eller forsvant den før: Det var èn gang...

''Atter er himlenes rike likt en kjøpmann som søkte etter vakre perler. Da han så fant en meget verdifull perle, gikk han bort og solgte alt han eide, og kjøpte den.'' (Matteus 13:45-46)

Tiden går så fort, sier dem. Likevel farer de fremover til det de ser frem til, og det du så frem til, plutselig ligger i en forhistorisk billedbok. Og de oppfører seg som om de skal leve evig, her nede på denne planeten. Hvor ingenting tar slutt.
Og det siste har de rett i.
For evigheten bor i oss alle.

"Alt har Gud gjort skjønt i sin tid. Også evigheten har
han lagt i deres hjerte, men likevel kan mennesket ikke
forstå det verk Gud gjør, fra begynnelsen til enden."
(Forkynneren 3:11)

Det dreier seg om evig liv, eller evig fortapelse.

"Og disse skal gå bort til evig pine, men de rettferdige
til evig liv." (Matteus 25:46)

Fortapelse, er et ord man har blitt allergisk mot.
Som Treet til Kunnskap har slått ihjel, med mange slag.

"Han kommer med flammende ild, og tar hevn over dem
som ikke kjenner Gud og over dem som ikke er lydige
mot vår Herre Jesu evangelium. Den straff de skal lide
blir en evig fortapelse borte fra Herrens åsyn og fra hans
makts herlighet.
-Den dag han kommer for å vise seg herlig i sine hellige
og underfull i alle som tror. For dere trodde vårt vitnes-
byrd til dere." (2 Tessaloniker 1:8-19)

Smertefulle ord, helt til du dør av det.

Deretter lot han folket dra bort, og gikk inn i huset. Og
hans disipler gikk til ham og sa: Forklar oss lignelsen om
ugresset i åkeren. Han svarte dem og sa: Den som sår det
gode kornet, er Menneskesønnen. Åkeren er verden. Det
gode kornet er rikets barn. Ugresset er den ondes barn.
Fienden som sådde det, er djevelen. Høsten er enden på

denne tidsalder. Høstfolkene er engler. Likesom ugresset blir sanket sammen og oppbrent med ild, slik skal det gå ved enden på denne **tidsalder.** (Aion; gresk; verden, tid, tidsalder, evighet)
Menneskesønnen skal sende ut sine engler, og de skal sanke ut av hans rike alt som volder **anstøt,** (Skandalon; gresk; anstøt, forførelse) og de som lever i lovløshet. Og de skal kaste dem i ildovnen. **Der skal de gråte og skjære tenner.**
Da skal de rettferdige skinne som solen i sin Fars rike. Den som har ører, han høre!.'' (Matteus 13:36-43)

''Men det sier jeg dere: Mange skal komme fra øst og vest og sitte til bords med Abraham, Isak og Jakob i himlenes rike, men rikets barn skal kastes ut i mørket utenfor. **Der skal de gråte og skjære tenner.''**
(Matteus 8:11-12)

En idé er sjelden langt unna, den er der, du må bare gripe den.

Det handler ikke om å være best, men først.
Kommer du først, kan du skaffe deg patent.
Du må være kreativ for å oppfinne noe, nei sier jeg, men du må ha evne til å gripe den.
Tanken er en sjelelig muskel, du må bare begynne å bruke den.

Etter en treningsøkt kjenner du deg plutselig bedre, lungekapasiteten øker, inntak av oksygen, for ikke å

snakke om blodsirkulasjonen. Når idéen om å skrive
denne bok ble åpenbart, tok jeg ikke pennen fatt, den var
der, men jeg grep den ikke.

**Vi FIKK IKKE tilgang til treet til kunnskap, ei heller
ble den GITT av djevelen.**
-Vi TOK den!

Når fristelsen ble for stor, ble vi befruktet, av noe som
ikke var ment.

''Salig er den mann som holder ut i fristelse. For når han
har stått sin prøve, skal han få livets krone, som Gud har
lovt dem som elsker ham. Ingen som blir fristet, må si:
Det er Gud som frister meg! For Gud blir ikke fristet av
det onde, og selv frister han ingen. Men enhver som blir
fristet, dras og lokkes av sin egen lyst. Når så lysten har
unnfanget, føder den synd. Men når synden er **fullmo-
den,** (Apoteleo; gresk; fullende; teleioo; gresk "bringe
fram til sitt endemål") føder den død.'' (Jakob 1:12-15)

Ismael var hans navn, opprører og konfliktmaker.

Isak versus Ismael.
''Og Herrens engel sa til henne: Jeg vil gjøre din ætt så
tallrik at den ikke kan telles. Og Herrens engel sa videre
til henne: Se, du er med barn og skal føde en sønn, og du
skal kalle ham Ismael, for Herren har hørt din nød. **Han
skal bli et villesel av et menneske.** Hans hånd skal være
mot alle, og alles hånd mot ham. Han skal bo rett for

øynene på alle sine brødre. Og Herren som talte til henne, kalte hun ved navnet: "Du er Gud, den som ser." For hun sa: Har jeg her virkelig fått se ham som ser meg? Derfor kaller en kilden Lakai Ro´is brønn*. (* Brønnen til den levende som ser meg) Den ligger mellom Kades og Bered. Og Hagar fødte Abram en sønn, og Abram kalte sin sønn som Hagar fødte, Ismael. Abram var åttiseks år gammel da Hagar fødte ham Ismael.''
(1 Mosebok 16:10-16)

Kjødet som prøvde å ta plassen til løftets barn.

''Men han som var født etter kjødet, forfulgte ham som var født etter Ånden. (Les Isak)
Og slik er de nå også. Men hva sier skriften? Driv ut trellkvinnen og hennes sønn! For trellkvinnens sønn skal ikke arve sammen med den frie kvinnes sønn.''
(Galaterne 4:29-30)

Som jeg skrev innledningsvis, var jeg innom filosofien. Likte å proklamere meg selv som hobbyfilosof, inntil en venn av meg sa: Vidar, du er ikke hobbyfilosof, men en solofis.

Solo;
italiensk; plur, soki, av latin, "alene", musikkstykke, eller parti av musikkstykke som utføres av bare en person.

Kort og kontant.

Vi har tatt enerett på tankene våres, som vi deler ut, kun hvis vi får utbytte av det.

-Hver gang vi våkner.

KAPITTEL 17

RELIGIØSITET

Nådesforkynnelsen.

''Derfor sier Herren Herren: Dere har rast verre enn folkeslagene rundt omkring dere. Dere har ikke fulgt mine bud og ikke gjort etter mine **lover.** (Hebraisk; mishpath, dom, rett, rettsbud, rettsnorm, rett forskrift. Rettferdig dom) Dere har ikke engang levd etter de lovene som folkene rundt omkring dere har.'' (Esekiel 5:7)

Til: Den falske nådesforkynnelsen.

''For av hans fylde har vi alle fått, og det nåde over nåde.'' (Johannes 1:16)

Nåde over nåde. Enkelte tolkere vil oversette: "Nåde **for** nåde", som er fult forsvarlig ut fra grunnteksten.
(Charis anti charin)
Meningen skulle da finnes i motsetning til forholdene under loven, der "nåde", i betydningen "gunst", vinnes etter gjerninger, dvs at gjerninger gir adgang til nåde, en

får "nåde for gjerninger". I samfunnet med Kristus er det derimot slik at nåden fås som en gave, og det at en har fått nåde, gir adgang til en ny nåde: en får "nåde for nå-de". -En annen vanlig tolkning er at uttrykket betyr at det stadig er ny nåde. (Norsk studiebibel)

Her kommer to vers som djevelen elsker.

''Da vi nå er rettferdiggjort av tro, har vi fred med Gud ved vår Herre Jesus Kristus. Ved ham har vi også ved troen fått adgang til den nåde som vi står i. Og vi roser oss av håp om Guds herlighet.'' (Romerne 5:1-2)

...Så kom tre vers han hater. (Les djevelen)

''Ikke bare det, men vi roser oss også av våre trengsler, for vi vet at trengselen virker tålmodighet, tålmodigheten virker et prøvet sinn, og det prøvede sinn håp. Og håpet gjør ikke til skamme, for Guds kjærlighet er utøst i våre hjerter ved Den Hellige Ånd som er oss gitt.''
(Romerne 5:3-5)

Alt tatt ut av sammenhengen, gjør det lettvint, for mot-standeren, å gjøre oss til religiøse frosker, som kvekker rundt, og med gitar i tillegg, gjør det dét enda verre.
Å ta Johannes 3:16 ut av sammenhengen har fått tragiske konsekvenser, og bare blitt kalt den "lille bibel".
Trangsynte Molboere, og siden Molbo er et lite sted, har det blitt trangt om plassen.

"For så har Gud elsket verden at han gav sin Sønn, den enbårne, for at hver den som tror på ham, ikke skal fortapes, men ha evig liv." (Johannes 3:16)

Når du som omvendt, har blitt tatt med buksa nede, og med synlig mange hormoner, gråter om tilgivelse, uten omvendelse, og sier: Ikke ta meg, men ta den bukken som kommer etter meg, han er mye verre!

"For dersom vi synder med vilje etter at vi har lært sannheten og kjenne, da er det ikke lengre tilbake noe offer for synder, men bare en forferdelig gru for dom, og en nidkjærhetens brann som skal fortære de gjenstridige." (Hebreerne 10:26-27)

Sannheten skal gjøre dere fri.
"Jesus sa da til de jøder som var kommet til tro på ham: Dersom dere blir i mitt ord, da er der i sannhet mine disipler. Og dere skal **kjenne** (Gresk; ginosko; kjenne, vite, forstå) sannheten, og sannheten skal **frigjøre dere.** De svarte ham: Vi er Abrahams ætt og har aldri vært treller under noen! Hvordan kan du da si: Dere skal bli fri? Jesus svarte dem: Sannelig, sannelig sier jeg dere: Hver den som gjør synd, er syndens trell. Men trellen blir ikke i huset til evig tid. Sønnen blir der til evig tid. **Får da Sønnen frigjort dere, da blir dere virkelig fri.**" (Johannes 8:31-36)

Og trollet lar dem passere. Inntil trollet møter en som overgår trollet selv, og må ta sin hatt å gå.

Og kalle noen for religiøse freaks, kan slå begge veier.
Freaks; engelsk; original, misfoster.

Gå ikke i åk/tospann med vranglærerne og vantro. Hva
hvis vranglærerne sier det samme; å gå i åk med seg selv
vil være en prøvelse. Så var det dette igjen da: Total
mangel på ydmykhet.

Vitnesbyrdet om mitt første møte med rusmiljøet.

Sammenligner pinsemenighetene, med rusmiljøene. Når
de har hengt sammen lenge nok, ser de ikke pinsebeve-
gelsen for bare pinsevenner. Sløvheten tar oss gradvis,
helt til de teologiske doplangerne, har oss i sin hule
hånd.

Ta menigheten, for eksempel, du kommer inn, tar imot,
Jesus Kristus som Herre og frelser, og sier: Hans blod,
som ble utøst for oss.

''For også vi var en gang uforstandige, ulydige, villfa-
rende. Vi var treller under mange slags lyster og begjær.
Vi levde i ondskap og misunnelse. Vi var forhatt og hatet
hverandre. Men da Guds, vår frelsers godhet og kjærlig-
het til menneskene ble åpenbaret.

Frelste han oss, ikke på grunn av rettferdige gjerninger
som vi hadde gjort, men etter sin miskunn, ved badet til
gjenfødelse og fornyelse ved Den Hellige Ånd, som han
rikelig har **utøst** over oss ved Jesus Kristus, vår frelser,
for at vi rettferdiggjort ved hans nåde, skulle bli arvinger
til det evige liv, som vi håper på.'' (Titus 3:3-7)

Korsfestet
oppstått den tredje dag.
Inn under den nye pakt.
Ikke under den gamle, som var loven under
Moses,
gitt av Gud.

Vi ér satt fri, helt fri,
søtladent nådesforkynnelse.

Veien til Bibelskolen er kort. Brenner for mer. Før du
visste ordet av det, kom fasten og tok deg, som lærte deg
at det var noe du **må** gjøre. Og som trodde det hadde noe
med mat å gjøre.

**"Da ble Jesus av Ånden ført ut i ørkenen for å fristes
av djevelen.** Og da han hadde fastet i førti dager og førti
netter, **ble han til sist sulten.''** (Matteus 4:1-2)

Dette skal være evig lov for dere: I den sjuende måned,
på den tiende dag (Den store forsoningsdagen, jom kip-
pur) i måneden, skal dere **faste og ikke gjøre noe
arbeid,** verken den innfødte eller den fremmede som bor
blant dere. For på denne dag skal det gjøres **soning** for
dere for å rense dere, så dere blir rene for Herren fra alle
deres synder.'' (3 Mosebok 16:29-30)

Faste; hebraisk; anah; fornedre, undertrykke, ydmyke.

Å være ydmyk vil si å ha et sinn som er bøyd, gjort lavt,

ringe. Det er de ydmyke Gud gir nåde, og det er den yd-
myke som er virkelig vis, og derfor vinner sann ære. Det
motsatte av ydmykhet er stolthet. Å være ydmyk i denne
betydningen er ikke en naturlig egenskap, men noe et
menneske blir når Gud får ydmyket det. I Jesus Kristus
viser den sanne storhet seg i ydmykhetens drakt. Ved
fotvaskingen gav han sine disipler et praktisk eksempel
på ydmykhet. Kristi ydmyke sinn åpenbares fremfor alt i
hans selvfornedrelse og hans lydighet inntil korset død.
Til grunn for vårt ord "ydmykhet" ligger hebraiske ordet
anavah og gresk tape inofrosune. Begge har å gjøre med
det som er lavt. Anawah er dannet av verbet anah, "være
nedbøyd", mens tapeinfrosune er satt sammen av to ord:
"lav" og "sinn". (Norsk studiebibel)

Soning; Hebraisk; kafar; dekke over, sone.

I King James version; "afflict your souls" - rett oversatt;
bedrøve din sjel. Eller plage din sjel. (3 Mosebok 16:29)

Vil du faste, så kan du ikke gå på jobben, **men du må
kle deg i sekk og aske og bedrøve ditt hjerte.** Samtidig
må du salve ditt hode og ikke se sorgfull ut hvis du må
gå ut. Og du har ikke lov å snakke om det. I tillegg syn-
tes jeg du skulle la deg omskjære og holde hele loven.
(Matteus 6:16-18)

Som om Galaterbrevet til Paulus havnet rett i toalettet.

''Igjen vitner jeg for hvert menneske som lar seg om-

skjære, at han skylder **å holde hele loven.''**
(Galaterne 5:3)

Å gi er også noe du Må gjøre. Enda Gud elsker en glad
giver!

Gavmildhetens velsignelse.

Men dette sier jeg: Den som sår sparsomt, skal også høs-
te sparsomt, og den som sår rikelig, skal høste med rik
velsignelse. Enhver må gi slik som han setter seg i fore i
sitt hjerte, ikke med ulyst eller av tvang. **For Gud elsker
en glad giver.** Og Gud er mektig til å gi dere all nåde i
rikelig mål, for at dere alltid og i alle ting kan ha alt dere
trenger til, og ha overflod til all god gjerning. Som skre-
vet er: Han strødde ut, han gav til de fattige Hans
rettferdighet blir til evig tid. Og han som gir såmannen
såkorn og brød å ete, han skal også gi dere såkorn og la
det mangedoble seg, og gi vekst til fruktene av deres
rettferdighet. Og så skal dere bli rike på alle ting, **til
oppriktig godhet,** som ved oss virker takksigelse til
Gud. For den hjelp som dere gir ved denne tjenesten,
skal ikke bare fylle mangelen hos de hellige, men også
skape overflod ved manges takksigelser til Gud. Denne
givertjenesten er en prøve på ektheten hos dere. Og de
vil prise gud for deres lydighet til å betjene Kristi evang-
elium, og for den oppriktige godhet der viser i samfunnet
med dem og med alle.

De vil be for dere og lengte etter dere på grunn av den
rike nåde fra Gud som er over dere. Gud være takk for
sin usigelige gave! (2 Korinter 9:6-15)

Det er noe som reiser seg opp i meg, føtter plantet på fjell, som jeg ikke trodde jeg hadde. Ser slutten, på en epoke, advarsler er ikke lenger nok. Noen må advare, så de hører. Det er **ingen** igjen!

De to vitnene.

"Og det ble gitt meg et rør, likesom en stav, med de ord: Stå opp og mål Guds tempel og alteret og dem som tilber der! Men forgården utenfor templet, la den være, og mål den ikke. For den er gitt til hedningefolkene, og de skal tråkke ned den hellige stad i førtito måneder. Og jeg vil gi mine to vitner å profetere i ett tusen to hundre og seksti dager, **kledd i sekk.** Dette er de to oljetrær og de to lysestaker som står for jordens Herre. Dersom noen vil **skade** (Gresk; adikeo; gjøre urett, skade) dem, da går det ild ut fra munnen deres og fortærer fiendene deres. Ja, om noen vil skade dem, **skal** (Gresk; dei; det er nødvendig) han drepes på den måten. De har **makt** (Gresk; exousia; myndighet) til å lukke himmelen, så det ikke faller regn i de dager de er profeter. Og de har makt over vannene, til å gjøre dem til blod, og til å slå jorden med all slags plager, så ofte de vil. Og når de har fullført sitt vitnesbyrd, da skal dyret som stiger opp fra avgrunnen, føre krig mot dem og seire over dem og drepe dem. Og likene deres skal ligge på gaten i den store byen, den som i åndelig mening kalles Sodoma og Egypt, der hvor deres Herre ble korsfestet. I tre dager og en halv ser mennesker fra alle folk, stammer og tungemål på likene deres, og de tillater ikke at likene blir lagt i grav. Og de som bor på jorden, skal glede seg over dem og fryde seg, og de skal sende gaver til hverandre, fordi disse to profetene var til plage for dem som bor på jorden. Og etter tre dager og en halv kom det livsånde fra Gud i dem, og de reiste seg opp på sine føtter. Og stor frykt falt på dem som så dem. Og de hørte en høy røst fra himmelen som sa til dem: Stig opp hit! Og de steg opp til himmelen i skyen, mens deres fiender så dem. I samme stund kom det et stort jordskjelv. Tiendedelen av byen falt i grus, sju tusen mennesker ble drept i jordskjelvet. Resten av folket ble forferdet og gav himmelens Gud ære. Det annet ve er snart over. Se, det tredje ve kommer snart.'' (Johannes Åpenbaring 11:1-14)

Siste sjanse, før himmelen stenger.

''Og den sjuende blåste i basunen. Og høye røster ble hørt i himmelen, som sa: Kongedømmet over verden tilhører nå vår Herre og hans salvede, og han skal være konge i all evighet. Og de tjuefire eldste som sitter for Guds åsyn på sine troner, falt på sitt ansikt og tilbad Gud og sa: Vi takker deg, Herre Gud, du Allmektige, du som er og som var, fordi du har tatt i bruk din store makt og regjerer som konge. Hedningefolkene **raste** (Gresk; orgizo; vred. Når det greske ordet orge brukes, kan det antyde at vreden skal forstås mer som en behersket og viljebestemt vrede, gjerne innrettet på hevn, fremfor å være uttrykk for indre følelser), men nå er din vrede kommet - tiden da de døde skal dømmes, og da du skal lønne dine tjenere profetene og de hellige og dem som frykter ditt navn, de små og de store, og da du skal øde-

legge dem som ødelegger jorden. Guds tempel i himme-
len ble åpnet og hans paktsark ble sett i hans tempel. Og
det kom lyn og røster, tordendrønn og jordskjelv og store
hagl.'' (Johannes Åpenbaring 11:15-19)

Tenke seg til, ble lurt av intellektet.
Og nå er det for sent.
Det står **én** midt i kaoset, og spør: Hva nå?

Nå kommer vi **ikke** lenger enn langt, lenger.
Snart tom for fraser.
En bulldoser gjør ikke lenger jobben den skulle gjort.
Ingen tar ansvar lenger.
Ingen våger heller.
Kan jo hende at selv din egen mor vil kunne gå imot deg.

''Dere må ikke **tenke** at jeg er kommet for å bringe fred
på jorden. Jeg er ikke kommet for å bringe fred, men
sverd. Jeg er kommet for å sette skille mellom en mann
og hans far, mellom en datter og hennes mor, mellom en
svigerdatter og hennes svigermor, og en manns husfolk
skal bli hans fiender. Den som elsker far eller mor mer
enn meg, er meg ikke verd. Den som elsker sønn eller
datter mer enn meg, er meg ikke verd. Og den som ikke
tar sitt kors og følger etter meg, er meg ikke verd.''
(Matteus 10:34-38)

Religiøsiteten "i går", hvor "alt" var synd, danset du, var
du dødens, gikk du på kino, gikk du fortapt. Lovreligiø-
se, som brukte pekefingeren flittig, uten å få den ut av

ledd, hvor onani var synonymt med vorter på hendene. Hvor nesten alle gikk fortapt, bortsett fra en selv. Synderegisteret var skrevet av **syndikatet,** til kontroll.

Religiøsiteten "idag", fastfood kristen, Jesus for "alle penga". Nåden er så stor, skriver med store bokstaver, tar imot Jesus. Husmenighetene hvor vitnesbyrdene sitter løst, hvor de blåser nikotin i fjeset på hverandre og sier: Jesus elsker deg som du **er.**
Ordet omvendelse er ikke engang et tema. Vi kunne jo bli religiøse, vet du.
Gudsfrykt er forhistorisk og fjernt. Hvor kjødet er svakt, så det er bare og fortsette.

Og hever du stemmen blir vi fornærmet. Tilgivelse er ikke for nybegynnere. Selvmedlidenhetens avgud, medlidenheten elsker vi. Vi dyrker vårt ego, å gå ut, sitter langt inne. Sympati får ikke engang djevelen. Klø meg i øret, er det beste jeg vet, gjerne bak øret også.
Men gi oss litt tid, også gikk det noen tiår.

''Så stod da Paulus fram midt på Areopagos og sa: Atenske menn! Jeg ser at dere på alle måter er **meget religiøse.**
For da jeg gikk omkring og så på deres helligdommer, fant jeg et alter med denne innskrift: For en **ukjent** (Gresk; agnostos; kjenne, erkjenne, vite) Gud. Det som dere altså dyrker uten å kjenne, det forkynner jeg dere. Gud, han skapte verden og alt som i den er, han som er herre over himmel og jord, han bor ikke i templer som er

bygd med hender. Heller ikke lar han seg tjene av menneskehender som om han trengte til noe. For det er han selv som gir alle liv og ånde og alle ting. Han lot alle folkeslag av ett blod bo over hele jorderike, og han satte faste tider for dem og bestemte over grensene mellom deres bosteder. Dette gjorde han for at de skulle søke Gud, om de kanskje kunne føle ham og finne ham - enda han ikke er langt borte fra en eneste av oss. For i ham er det vi lever og rører oss og er til. Som også noen av deres egne diktere har sagt: For vi er også hans slekt. Da vi nå altså er Guds ætt, så bør vi ikke tenke at guddommen er lik gull eller sølv eller stein, et bilde formet av menneskelige kunst eller **tanke.** Etter at Gud har båret over med uvitenhetens tider, befaler han nå alle mennesker alle steder, at de skal **omvende** seg. For han har fastsatt en dag da han skal **dømme** verden med **rettferdighet.** Dette skal skje ved den mann som han har utvalgt til det, etter at han har gitt fullgodt bevis for alle ved å oppreise ham fra de døde.'' (Apostlenes Gjerninger 17:22-31)

Eneste den falske nådesforkynnelsen klarer å oppnå i dag, er å latterliggjøre evangeliet.

En levende menighet vokser.

''Også med mange andre ord vitnet han, og han formante dem og sa (Les: Peter disippel): La dere frelse fra denne vrange slekt! De som nå tok imot hans ord, ble døpt. Og den dagen ble det lagt til omkring tre tusen sjeler. De holdt urokkelig fast ved apostlenes lære og ved samfunnet, ved brødsbrytelsen og ved bønnene. Og det kom frykt over hver sjel, og mange under og tegn ble gjort ved apostlene. Alle de troende holdt sammen og hadde alt felles. De begynte å selge eiendeler og gods, og delte ut til alle etter som enhver trengte det. Hver dag kom de trofast og med ett sinn sammen i templet, og i hjemmene brøt de brødet, og holdt måltid med fryd og hjertets enfold. **De lovet Gud og var velsett av hele folket.** Og Herren la hver dag dem som lot seg frelse, til menigheten.'' (Apostlenes Gjerninger 2:40-47)

Menighet.
Nye Testamentet bruker begrepet "menighet" gresk; ekklesia, både i konkret betydning om en lokal menighet og omfattende om den universelle menighet, alt Guds folk på alle steder og til alle tider. Forholdet mellom Kristus og menigheten forsøker Paulus å forklare ved hjelp av ekteskapets mysterium. Det er en tilordning og underordning på én gang. En tilordning, så Kristus og menigheten ikke lenger er to men ett, sammenføyd og forenet av Gud, slik som mann og hustru i ekteskapet ikke lenger er to, men ett kjød. Samtidig er menigheten underordnet Kristus, Kristus er dens hode (Herre) som mannen er kvinnens. (Norsk studiebibel)

Religiøsitet reagerer på hva du sier, ikke på hva du gjør. De som lever et hellig liv for Jesus, ser på hvordan du lever.

''Men hva mener dere: En mann hadde to sønner, og han gikk til den ene og sa: Sønn, gå i dag og arbeid i vingården!

Han svarte: Jeg vil ikke! Men senere **angret** han det og gikk. Faren gikk til den andre og sa det samme: Denne svarte: Ja, herre! - Men han gikk ikke. Hvem av disse to gjorde farens vilje? De svarer: Den første. Jesus sier til dem: Sannelig sier jeg dere: Tollere og **skjøger** (Gresk; porneia; porne; betegner handlingen under synspunktet av utukt, løsaktighet) går før dere inn i Guds rike.'' (Matteus 21:28-31)

Angret; gresk; metameletheis; ordet uttrykker ikke sorg over moralsk feilgrep eller synd mot Gud, men uro på grunn av konsekvensene av en handling og fordi man ikke visste bedre. (Norsk studiebibel)

Kuet av den falske nåden.

La oss hvile, til det ikke er noe åndedrett igjen. Så kjente du kraften, engang, du lille vesen, som tilslutt lot deg lure, hvor du trodde, kraften lå i nåden. Engang frelst, alltid frelst; djevelen kan også hviske. Nå fikk jeg endelig sagt det: De som begynte engang, i Den Hellige Ånd, men endte opp i kjød. Å gå er slitsomt, så la det være, ta heller å berik deg selv med Guds ord, på en eller annen kristen Tv-kanal. Og innimellom øktene, kan du jo ta deg en røykepause. Og mens du tar deg en "blås", vil jeg minne deg på en ting: Du er ikke frelst **av** gode gjerninger, men **til** gode gjerninger.

''Det er ikke av gjerninger, for at ikke noen skal rose seg. For vi er hans verk, skapt i Kristus Jesus til gode gjerninger, **som Gud forut har lagt ferdige for at vi skulle vandre i dem.**'' (Efeserne 2:9-10)

Gjerning.
Se også: handle, verk, virksomhet, arbeid, virke, tjeneste, helbrede, forkynne, vitne, barmhjertighet, gjøre, embete, håndverk, kall, gjerningsmann, undergjerninger, Gud, Kristus, disippel, apostel, hjelpe.

Guds gjerninger er mangfoldige. Skapelsen av universet med alle dets deler, himlenes himmel, Guds bolig, stjernehimmelen, jorden med det liv som rører seg på den, alt er en frukt av Guds gjerning.

Guds gjerninger åpenbares også i frelsen og gjenløsningen i og gjennom Kristus. Kristi overnaturlige inntreden i historien og menneskeheten er Guds gjerning. Kristi undergjerninger, som beviser hans guddom og messianske sending, er Guds gjerninger. Selve forsoningsverket er en Guds gjerning: Fordi Gud i Kristus, forlikte verden med seg selv, ham som ikke visste av synd, har han gjort til synd for oss, for at vi i ham skal bli rettferdige for Gud.

Guds frelsende gjerning fortsetter i og gjennom den kristne menighet og dens redskaper. Forkynnelsen av evangeliet blant alle jordens folk er Guds gjerning. Endemålet for Guds forløsergjerning er Guds rikes opprettelse.

Menneskets gjerninger betinges av dets gudsforhold. I sin naturlig, **uomvendte** tilstand kan mennesket ikke frembringe den gode gjerningens frukt. Dets gjerning er

(i bibelsk forstand) ond, fordi dets natur er ond, bort-
vendt fra Gud, uten liv i Gud. Mennesket er "kjød" (Uten
Guds ånd) i sin naturlige tilstand. Alt som det gjør og
virker, er derfor kjødelige gjerninger d.v.s uten Guds
Ånds levendegjørende kraft. Loven er "åndelige" og kre-
ver en åndelig oppfyllelse (En oppfyllelse i og ved Den
Hellige Ånd), for at den skal få hva den krever. **Bare
som gjenfødte kan menneskene gjøre de gjerninger
loven krever. De gjerninger mennesket gjør i "kjø-
det", er døde gjerninger.** (Norsk Bibel-leksikon)

Så sitter de der, disse selvgode, engang frelst, alltid
frelst, som sitter langt inne.
De som opphøyer nåden mer enn Jesus.

O, nåde stor og underfull
som fant meg i min synd.
Så svak jeg var, men ved Guds ord,
jeg ser som før var blind.

Guds nåde tok den angsten bort,
som synden hadde skapt.
Hvor det var rikt, hvor det var stort
for meg som var fortapt.

Jeg glemmer aldri første gang,
da jeg fikk vende om.
Da brøt den nye sangen frem
da jeg til troen kom.

O, nåde stor og underfull
som fant meg i min synd.
Så svak jeg var, men ved Guds ord,

jeg ser som før var blind.

KAPITTEL 18

KONTROLL / SEKTERISME

Den gamle pakt i Mose lov, var gitt til menneskene, på grunnlag av Treet til Kunnskap. For å prøve menneskeslekten til **lydighet,** og vise oss at vi vil svikte, og **kunnskapen om godt og ondt,** ikke vil være godt nok.

En bedre pakt.

''For hadde den første pakt vært mangelfri, så hadde det ikke vært grunn til å søke plass for en annen. For det er nedsettende ord Gud taler til dem når han sier: Se, dager kommer, sier Herren, da jeg vil opprette en ny **pakt** (Gresk; diatheke; pakt, testamentet) med Israels hus og med Judas hus. Det skal være en pakt som den jeg gjorde med deres fedre på den dag da jeg tok dem ved hånden for å føre dem ut av landet Egypt. For de ble ikke i min pakt, og jeg brydde meg ikke om dem, sier Herren. **For dette er den pakt jeg vil opprette med Israels hus etter disse dager, sier Herren: Jeg vil gi mine lover i deres sinn (Gresk; dianoia; forstand, tanke, sinn) og skrive dem i deres hjerter. Og jeg vil være deres Gud,**

og de skal være mitt folk. Og **ingen skal lære sin landsmann,** og heller ikke sin bror, og si: Kjenn Herren! For de skal alle kjenne meg, fra den minste til den største blant dem. For jeg vil være nådig overfor den urett de har gjort, og ikke mer komme deres synder i hu. Når han taler om en ny pakt, har han dermed erklært at den første er foreldet. Men det som blir foreldet og gammelt, er nær ved å bli borte.'' (Hebreerne 8:7-13)

''Mine brødre! Slik døde også dere fra loven ved Kristi legeme, for at dere skal tilhøre en annen, ham som ble oppreist fra de døde, så vi kan bære frukt for Gud. For da vi var i kjødet, ble de syndige lyster vekket ved loven, og de virker slik i våre lemmer at vi bar frukt for døden. Men nå er vi løst fra loven, ettersom vi er døde fra det vi var fanget under, **slik at vi tjener i Åndens nye vesen, ikke i bokstavens gamle vesen.**'' (Romerne 7:4-6)

Som sagt, så gjort, det bor en fariseer i oss alle.

''Da talte Jesus til folket og til sine disipler og sa: På Mose stol sitter de **skriftlærde** og fariseerne. Alt som de sier til dere, skal dere derfor gjøre og holde. Men gjør ikke etter deres gjerninger. For de sier det, men de gjør det ikke. De binder sammen tunge byrder og lesser dem på menneskenes skuldrer, men seg selv vil de ikke røre dem med en finger.'' (Matteus 23:1-4)

Derfor er det umulig for oss å komme til Guds rike.

"Atter sier jeg dere: Det er lettere for en kamel å gå gjennom et nåløye, enn for en rik å komme inn i Guds rike. Da disiplene hørte dette, ble de rent forferdet og sa: Hvem kan da bli frelst? Men **Jesus så på dem** og sa til dem: For mennesker er dette umulig, men for Gud er alt mulig." (Matteus 19:24-26)

Umulig uten å bli født på ny, i Den Hellige Ånd.

Når man er nærsynt, som jeg er, og for å se ting på avstand, trenger man briller, brillene blir et hjelpemiddel for å se bedre. Uten dem blir ingenting klart. Å bli avhengig av noe du selv ikke har, gjør deg hjelpesløs. Når andre mennesker har blitt brillene våres, de forteller oss hva som er rett, de veileder deg dit de vil, og gjør du ikke lenger som dem sier, tar de brillene dine og går.

"Men han (Jesus) svarte og sa: Hver plante som min himmelske Far ikke har plantet, skal bli rykket opp med rot. La dem fare! De er blinde veiledere for blinde, og når en blind leder en blind, faller de begge i grøften." (Matteus 15:13-14)

Hodereligiøse; er de som sier seg å ha Jesus i hjertet men loven som var skrevet i hjertene, havnet til slutt opp i hodet på dem. Åndelig grønn stær, som gjorde dem blinde, veiledet av doktriner ned i sin egen grøft.

Grønn stær, glaukom, øyesykdom som oppstår der avløpet for øyets kammervann er nedsatt. Derved hoper dette seg opp og forårsaker et økt trykk inne i øyet. Hos barn gir øyets vegger etter for trykket, slik at øyets fremre del blir forstørret, hos voksne er øyets vegg stivere, bortsett fra området der synsnerven forlater øyet. Dette parti presses bakover og nervefibre og blodårer ødelegges. **Tidlig behandling er viktig,** da ødelagt syn ikke kan gjenopprettes. Behandlingen, som kan skje både med medikamenter og ved operasjon, går ut på å normalisere øyetrykket for å bevare det resterende syn. **Hyppigheten av grønn stær øker med alderen.** (Norsk Leksikon)

''Og jeg vil gi dem et nytt hjerte, og en ny ånd vil jeg gi i deres indre. Jeg vil ta bort steinhjertet av deres kjød og gi dem et kjødhjerte, så de kan følge mine bud og holde mine lover og leve etter dem. De skal være mitt folk, og jeg vil være deres Gud.'' (Esekiel 11:19-20)

Loviskhet; er en som tror han er frelst gjennom gjerninger; **under** loven; Mose lov; jødedommen.

Lov: Ordet "loven" (Hebraisk; torah) brukes om de fem Mosebøkene. I mer avgrenset mening sikter det til lovstoffet i Moseloven. Moseloven, som anvisning på menneskets rette ferd for Gud. Jesus sier et mektig **nei** til jødedommens lovreligion, som hadde skjøvet loven frem til en midlerstilling mellom gud og folket og med det gjort gudsforholdet til et forhold som hvilte på menneskets ytelse. (Norsk Studiebibel)

Kunnskap om Gud, kan være farlig, det kan gå til hode

på en.

''Denne lovens bok skal ikke vike fra din munn. Du skal **grunne** på den dag og natt, så du akter vel på å gjøre etter alt det som står skrevet i den. Da skal du ha lykke på dine veier, og da skal du gå klokt fram.'' (Josva 1:8)

(Grunne; hebraisk; hagah; også mumle)

Vi skal advare, men pek ikke finger, noen kan komme til å brekke den. Vi burde ha evnen til å inkarnere oss inn i oss selv. Feie for egen dør menes vel i all offentlighet. Bekjennelse er godt.

Bekjenn (Gresk; exhomologéö; betegner dels fra hjertet, fritt, dels offentlig, åpent. Kan også bety: Erklære at en vil gjøre noe, love) derfor deres synder for hverandre og be for hverandre, for at dere kan bli helbredet. Et rettferdig menneskets bønn har stor kraft og virkning.''
(Jakob 5:16)

Sekterisme og kontroll.
Og se menighetsledere unnskylde sin synd, med at det var demoner og "alle" andre, som var skyld i deres fall, blir bare patetisk og trist. Total mangel på ydmykhet. Sekteriske symptomer.

''Døm ikke for at dere ikke skal bli dømt! For med den dom som dere dømmer, skal dere selv dømmes, og med det mål dere måler, skal dere selv bli tilmålt. Hvorfor ser du flisen i din brors øye, men bjelken i ditt eget blir du ikke var? Eller hvordan kan du si til din bror: La meg trekke flisen ut av øyet ditt! Og se, det er en bjelke i ditt eget øye? Du hykler! Dra først bjelken ut av ditt eget øye! Så kan du se å dra flisen ut av din brors øye.'' (Matteus 7:1-5)

Ironisk nok, kan man slenge samme bibelvers i fjeset på hverandre.

Å være uenig, gjør nødvendigvis ikke den ene mer rettferdig enn den andre.

''Men den som hører disse mine ord og ikke gjør etter dem, han blir lik en **uforstandig** (Gresk; moros; dåraktig) mann, som bygde huset sitt på sand.'' (Matteus 7:26)

Sekterisme er som alkoholisme, de begge nekter for at de er dét, inntil det er forsent.

Kortversjonen av et liv.

James Warren "Jim Jones" (Født 13 Mai 1931, USA, død 18 november 1978, Jamestown, Gyana) var grunnleggeren og lederen av Folkets Tempel. Jones ble født i Indiana og startet Folkets Tempel i denne staten på 1950 tallet. Senere flyttet han tempelet til California. På midten av 1970-tallet ble tempelets hovedkvarter flyttet til San Francisco. Jim Jones og Folkets Tempel er best kjent for 18 november 1978, da det døde mer enn 900 tempelmedlemmer i Jonestown, Guyana. Dette var det største tapet av amerikanske sivile liv i en ikke-natur katastrofe frem til terroraksjonen den 11. september 2001. Tragedien i Guyana var også en av de største "masse selvmord" i USA's historie. Hans mor, etter sigende, trodde hun hadde født en messias. Han var av irsk og walisisk herkomst.

Økonomiske problemer under den store depresjonen, gjorde det nødvendig at Jones familie flytter til Lynn, Indiana, i 1934, hvor han vokste opp i et skur uten avløp. Jones var en glupsk leser som ung og studerte Josef Stalin, Karl Marx, Mao Zedong, Mahtma Gandhi og Adolf Hitler nøye og bemerket styrkene og svakhetene til hver enkelt av dem. Jones utviklet også en intens interesse for religion, primært fordi han fant å få venner vanskelig. Jones og en barndomsvenn begge hevdet at hans far, som var alkoholiker, var assosiert med Ku Klux Klan. Jones selv, kom til å sympatisere med landets undertrykte afrikansk-amerikanske samfunnet på grunn av hans egne erfaringer som sosialt utskudd. Etterhvert flyttet de "menigheten" Folkets Tempel til Jonestown, Guyana, hvor det fatale ble et faktum.

Nok en endetidsmenighet.

''Jesus sier: For falske messiaser og falske profeter skal stå fram og gjøre store tegn og under, for å føre også de utvalgte vill, om det var mulig.'' (Matteus 24:24)

''Da spurte de han og sa: Mester (Jesus), når skal da dette skje? Og hva skal tegnet være når dette skal skje? Han sa: Se til at dere ikke blir ført vill! For mange skal komme i mitt navn og si: Det er meg! Og: Tiden er kommet nær! Gå ikke etter dem!'' (Lukas 21:7-8) (Legg merke til utropstegnene)

Vitnesbyrd er ikke nok.

Bare "gå ut fra dem, eller aller best, følg ikke etter dem". Å si at kjærlighet er å **ikke** ønske at noen skal gå fortapt. Å henge opp forhenget til det "aller helligste" igjen (Gamle pakten, under Moses) er å fraskrive seg kjærligheten, inderligheten, til det levende. Å elske fordi Han elsket oss først, til å gå ut til det brenner i hjertet. Fariseerismen gjemmer seg bak fortapelsen, fordi de har fraskrevet seg evnen til å elske. Den "Totale mangelen på ydmykhet", vil da bli et faktum.

Verden trenger ikke forklaringer, men lignelser og åpenbaringer gjennom Den Hellige Ånd, som jo er talsmann for Jesus. Gi ikke de religiøse åpenbaringer, de vil bare trampe dem ned, snu seg mot deg og angripe.
De vil heller ha forklaringer.

''For Herren gjør ikke noe uten at han har **åpenbaret** (Hebraisk; galah; åpenbare, avdekke) sine skjulte råd for sine tjenere profetene.'' (Amos 3:7)

''På den tid tok Jesus til orde og sa: Jeg priser deg Far, himmelen og jordens herre, fordi du har skjult dette for de vise og forstandige, men åpenbaret det for de **umyndige.** Ja, Far, for slik skjedde det som var deg til behag.

Alt er overgitt til meg av min Far. Og ingen kjenner
Sønnen uten Faderen, heller ikke kjenner noen Faderen
uten Sønnen, og den som Sønnen vil åpenbare det for.''
(Matteus 11:25-27)

Umyndige: Kontrasten er mellom de som er selvtilfreds
og anser seg selv som vise, og de som er avhengige av
Jesus.

Også er det de som skal luke menighetene for ugress,
med et stort redskap.

Jesu lignelse om hveten og ugresset.
''En annen lignelse fremsatte han for dem og sa: Himle-
nes rike kan lignes med en mann som hadde sådd godt
korn i åkeren sin. Mens folkene sov, kom hans fiende og
sådde ugress blant hveten, og gikk så bort. Men da strået
skjøt opp **og satte aks,** da kom også ugresset til syne.
Tjenerne gikk da til husbonden og sa: Herre, var det ikke
godt korn du sådde i åkeren din? Hvor har den da ugres-
set fra? Han sa til dem: Dette har en fiende gjort. Da
spurte tjenerne ham: Vil du at vi skal gå og sanke det
sammen? **Han sa: Nei, for da ville dere også komme til
å rive opp hveten når dere sanker ugresset sammen.**
La dem begge vokse sammen til høsten. Når det så er tid
for innhøsting, vil jeg si til høstfolkene: Sank først
ugresset sammen og bind det i bunter for å brenne det.
Men hveten skal dere samle i låven min.''
(Matteus 13:24-30)

Når ugresset er modnet til innhøsting, er når det har begynt å manifestere seg, til sitt sanne natur.

Ugress (Engelsk; tares; bearded darne-klinten) som ligner helt på hveten, inntil modenheten avslører dens sanne natur. Ondskapsfull forurensning av avlinger på denne måten var straffbart under Mose lov. (Norsk Studiebibel)

Forklaring på lignelsen om ugresset.
"Deretter lot han folket dra bort, og gikk inn i huset. **Og hans disipler gikk til ham og sa: Forklar oss lignelsen om ugresset i åkeren.** Han svarte dem og sa: Dem som sår det gode kornet, er menneskesønnen. Åkeren er verden. Det gode kornet er rikets barn. Ugresset er den ondes barn. Fienden som sådde det, er djevelen. Høsten er enden på denne tidsalder. Høstfolkene er engler. Likesom ugresset blir sanket sammen og oppbrent med ild, slik skal det gå ved enden på denne **tidsalder.** (Gresk; aion; verden, tid, tidsalder, evighet)
Menneskesønnen skal sende ut sine engler, og de skal sanke ut av hans rike alt som volder **anstøt,** (Gresk; skandalon; anstøt, forførelse) og de som lever i lovløshet. Og de skal kaste dem i ildovnen. Der skal de gråte og skjære tenner. Da skal de rettferdige skinne som solen i sin Fars rike. Den som har ører, han høre!''
(Matteus 13:36-43)

"Gud Er Død" blir det sagt, nei sier jeg, det var bare de religiøse som tok livet av ham, og skylder på alle "de andre".

Vantro er noe du vil ha. Og ugudeligheten vil alltid skylde på de religiøse.

Tristheten ender opp i et antiklimaks, når sekterismen prøver å luke, i den nådeforkynnende menighet. Feil person, men på rett sted. Når de hodereligiøse banker sammen, uten å løpe etter ballen, er som å krangle seg opp på tribunen, og ikke lenger ha hovedrollen.

''Da sa Herren til Samuel: Lyd folket i alt det de sier til deg! For det er ikke deg de har forkastet, men det er meg de har forkastet, så jeg ikke skal være konge over dem.'' (1 Samuelsbok 8:7)

I en av David Wilkinson´s bøker, Visjon and Beyond, spurte han en pastor/evangelist: Hva ville du gjøre hvis du med sikkerhet visste Jesus ville komme i morgen, svarer vedkommende enkelt; **plante et tre.** Sekterismens religiøsitet vil aldri ha evnen til å forstå denne uttalelsen. De vil heller løpe rundt, rope og hoie, og **ikke** skjønner at Gud Den Allmektige, har **full kontroll.** Gjør heller som Noah, og bygg deg en "båt". Evangeliet skal forkynnes, om nødvendig med ord.
Argumentene sitter løst, når det har gått til hode på en.

''Derfor, mine kjære, når dere venter disse ting, så legg vinn på å bli funnet uten flekk og lyte for ham, i fred, og akt vår Herres tålmodighet som frelse! Slik har også vår kjære bror Paulus skrevet til dere, etter den visdom som er ham gitt. Dette har han gjort i alle brev der han taler om dette. I dem er det noe som er vanskelig å forstå, og som de ulærde og ubefestede vrangtolker, slik de også gjør med de andre skriftene, til sin egen undergang. Så må da dere, mine kjære, som forut vet dette, ta dere i vare så dere ikke skal bli revet med av de lovløses villfarelse slik at dere faller ut av deres egen faste stand. Men voks i nåde og **kjennskap** (Gresk; gnosis; kunnskap, kjenne, erkjenne, vite) til vår Herre og frelser Jesus Kristus! Ham tilhører æren, nå og til evighetens dag! Amen.'' (2 Peter 3:14-18)

Samme mann, David Wilkinson profeterte, at i den siste tid, menigheter som forkynner Jesu snart komme, og vil bli latterliggjort. En undergrunns menighet som forkynner "Jesus kommer snart og enden på denne tidsalder". De vil bli en torn i siden på skjøgens menighet. (Les; katolismen og de "etablerte" menighetene)

De vil stikke og svi samvittigheten til mennesker, med sin hengivenhet og spirituelle kraft. Det vil bli åpen konflikt med disse Ekte Jesus etterfølgerne. Det vil bare bli de som har en sann tro, som vil ha evnen til å prøve de som har en falsk ånd, og mot maktene, mot myndighetene, mot verdens herskere i dette mørke, mot ondskapens åndehær i himmelrommet. De vi bli forfulgt og de vil reise seg som en armé for Jesus. Forunderlig, når Jesus i Lukas evangeliet, advarer mot slike forkynnere. Svaret er vel enkelt, når religiøse hypokondere, har ropt hjelp lenge nok, er det ingen som tar dem alvorlig. De får bare en sekterisk diagnose.

Men ta dere sammen, Jesus kommer snart!
Og jeg vet han kommer som en tyv. Tyven iakttar, og venter, til tiden er inne.

En ekte bror belærer meg, en religiøs beskjærer meg.

"Kom i hu deres veiledere, de som har talt Guds ord til dere! Legg merke til den utgang deres livsferd fikk, og følg etter dem i deres tro. Jesus Kristus er i går og i dag den samme, ja til evig tid." (Hebreerne 13:8)

La oss snu alt på hode. Ikke lenger gjør som jeg sier, men gjør som jeg **gjør.** Eller, vi har stått på hode lenge nok! Babel, der hvor misforståelser og forvirring rår. Klar bane, hei hvor det går, svimmel blir du, når du reiser deg opp, og kroppen vil gjerne sete seg. Igjen og igjen. Hør ikke på alt **du** sier, det kunne jo hende, du tok feil.

Når den kjødelige sønnen glemte hva hans far hadde sagt: Ikke bli liggende etter, men kom inn under Hans hvile.

"La oss derfor ta oss i vare, så ikke noen av dere skal vise seg i å være blitt liggende etter. For løftet om å komme inn til hans hvile, gjelder ennå. For det glade budskap er blitt forkynt for oss, likesom for dem. Men ordet som de hørte, ble til ingen nytte for dem, fordi det ikke ved troen var smeltet sammen med dem som hørte det. For det er vi som kommer inn til hvilen, vi som tror.

Han sa jo: Så sverget jeg i min vrede: De skal ikke komme inn til min hvile! -Og dette til tross for at gjerningene var fullført fra verdens grunnvoll ble lagt. For et sted har han sagt om den sjuende dagen: Og Gud hvilte på den sjuende dagen fra alle sine gjerninger. Og på dette sted igjen: Nei, de skal ikke komme inn til min hvile! Altså gjenstår det ennå for noen å komme inn til hvilen. Og de som først fikk høre det glade budskap, kom ikke inn på grunn av **vantro.** (Gresk; apeitheia; vantro, ulydighet)

Derfor **fastsetter** (Gresk; horizo; avgrense, erklære) han på ny en bestemt dag, idet han så lang tid etter sier gjennom David, slik som før er sagt: I dag, om dere hører hans røst, da forherd ikke deres hjerter. For hadde Josva ført dem inn til hvilen, da hadde ikke Gud senere talt om en annen dag. Så står det da en sabbatshvile tilbake for Guds folk. Den som kommer inn til hans hvile, får jo hvile fra sine gjerninger, likesom Gud fra sine.''
(Hebreerne 4:1-10)

Hardt arbeid er ikke det samme som gjerninger.

Tro uten gjerninger.

''Mine brødre! Hva gagner det om noen sier at han har tro, når han ikke har gjerninger? Kan vel troen frelse ham? Dersom en bror eller søster ikke har klær, og mangler mat for dagen, og en av dere sier til dem: Gå bort i fred, varm dere og spis dere mette! -Men ikke gir dem det legemet trenger, hva gagner da det? Slik er det også med troen. Dersom den ikke har gjerninger, er den død i seg selv. Men en kan si: Du har tro, og jeg har gjerninger. Vis meg din tro uten gjerninger, så vil jeg vise deg min tro av mine gjerninger! Du tror at Gud er én. Du gjør vel! Også de onde ånder tror det-og skjelver. Men vil du vite det, du uforstandige menneske: Troen uten gjerninger er unyttige.'' (Jakob 2:14-20)

Så ble det med sekterismen, som man sier: Det begynte i Den Hellige Ånd og endte opp i kjød.

En død tro.
''Ble ikke Abraham, vår far, rettferdiggjort av gjerninger, da han ofret sin sønn Isak på alteret? Du ser at troen virker sammen med hans gjerninger, og at troen ble fullkommen ved gjerningene. Og skriften ble oppfylt, som sier: Abraham trodde Gud, og det ble tilregnet ham som rettferdighet, og han ble kalt Guds venn. Dere ser at et menneske blir rettferdiggjort ved gjerninger, og ikke bare av tro. Ble ikke Rahab, **skjøgen** (Gresk; porne; skjøge, utukt, hor) på samme måte rettferdiggjort av gjerninger, da hun tok imot utsendingene og slapp dem ut en annen vei? For likesom legemet er dødt uten ånd, slik er også troen død uten gjerninger.'' (Jakob 2:21-26)

Ferdiglagte gjerninger; å gå kan være slitsomt, men du sover godt om natten.

''For av nåde er dere frelst, ved tro. Og dette er ikke av dere selv, det er Guds gave. Det er ikke av gjerninger, for at ikke noen skal rose seg. For vi er hans verk, skapt i

Kristus Jesus til gode gjerninger, som Gud har forut har lagt ferdige for at vi skulle vandre i dem.''
(Efeserne 2:8-10)

En sekterisk kristen, hvor alt er strebersk, og ikke lenger ferdiglagd. Det er de som tror de har "formaningens tjeneste", som skjeller ut menigheten, i all offentlighet, som sier: Det er bedre å klaske "sannheten" i fjeset på folk, (Les: Menigheten) enn å ha falsk vennlighet.

Formaning: Begrepet formaning brukes vanligvis for å betegne skriftens mange oppmuntringer, påminnelser og tilskyndelser utfra evangeliet, til fremgang i helliggjørelse. Hovedordet på gresk er; parakalein; kalle til seg, oppmuntre, trøste, bønefalle, formane. Av andre ord kan nevnes; nouthetein; **legge på hjertet,** tilrettevise, påminne, formane. Formaning inneholder intet tuktende, **refsende.** (Da brukes; elengchein; irettesette)
Den er heller ikke polemiserende eller kritisk, men tvert imot ofte utrykk for trøst. Stundom kan den dog være av alvorlig og inntrengende karakter. Ikke alle er skikket til å formane andre. Det kreves balanse og selvkontroll fra utøverens side, modenhet, erfaring og innsikt i gudsordets prinsipper på alle områder, men fremfor alt kjærlighet. (Norsk Bibelleksikon)

Når Guds ord er misforstått, når vi blir lakeier for djevelen, istedenfor på Den Hellige Ånds kraft og frihet i Kristus, vi bygger festningsverk, på en festet tomt, som andre eier. Og de forsikrer oss at "alt er i orden".

''For våre våpen er ikke kjødelige, men de er mektige for Gud til å bryte ned festningsverker, idet vi river ned tankebygninger og enhver høyde som reiser seg mot kunnskapen om Gud, og tar **enhver** tanke til **fange** under lydigheten mot Kristus.'' (2 Korinter 10:4-5)

Hvor er min autoritet, annet enn i Jesus Kristus. Å stå rakrygget, har noe med kroppsbeherskelse og gjøre. Og kjenne sin egen Bibel, er når du vet hva som skal til. La deg ikke lure, er lett å si.

''Utslokk ikke Ånden! Ringeakt ikke profetisk tale, **men prøv alt,** hold fast på det gode. Hold dere borte fra all slags ondt.'' (1 Tessaloniker 5:19-22)

Soaking in the spirit.
Soaking - Norsk; soaking, bløtlegging, avslapning.
Soaking er ganske enkelt å bruke tid i Guds nærvær, enn å være strebersk, strebe etter ham. Det handler om å hvile i hans nærvær, virkelig oppleve han og velge å være nær med ham. Gud begjærer at vi skal bli kjent med Ham. Vi er skapt i Hans bilde, skapt for å få nært samvær med Ham. Soaking setter oss i en posisjon hvor vi har muligheten til å høre Hans stemme og mota Hans kjærlighet. (Utdrag fra catchthefire.com)

Det begynte i Toronto, Canada, med Guds kraft i Den Hellige Ånd. Vitnesbyrd som så og opplevde mirakler og tegn. Men når mirakler og tegn blir store nok, og fraværet fra mirakler uteblir, etterhvert, kan konsekvensene komme. Når menigheten pakket koffertene, trykket t-skjorter med soaking "reklame" på, og reiste på "turne". Åpenbaringene begynte i Ånd, endte opp i kjød, nå ligger menigheter rundt omkring på madrasser og venter på å oppleve det samme. Hvis ikke dette er sekterisme vet ikke jeg! Tenke seg til, når menighetene ser mirakler, er ikke veien lang til de lager seg gullkalver av det.

Folket tilber en gullkalv.

''Men da folket så at Moses drygde med å komme ned fra fjellet, samlet folket seg om Aron og sa til ham: Kom, lag en gud for oss, en som kan dra foran oss! For denne Moses, han som førte oss opp fra landet Egypt - **vi vet** (Hebraisk; jada; kjenne, erkjenne, vite) **ikke** hva det er blitt av ham. Da sa Aron til dem: Ta gullringene som hustruene, sønnene og døtrene deres har i ørene, og kom til meg med dem! Han tok imot gullet og støpte det om og laget det med meiselen til en kalv. Så sa de: Dette er din gud, Israel, som førte deg opp fra landet Egypt! Da Aron så dette, bygde han et alter for den og lot utrope: I morgen er det høytid for Herren! Dagen etter stod de tidlig opp og ofret brennoffer og bar fram fredsoffer. Folket satte seg ned for å ete og drikke og stod opp for å **leke.** (Hebraisk; tsahag; le) (2 Mosebok 32:1-6)

Sekt; (Av latin; parti, tilhengerflokk) religiøs gruppe eller samfunn som har brutt ut av et annet religiøst samfunn. Ordet har i vanlig språkbruk en nedsettende klang, og enkelte nyere teologer vil heller tale om frikirker. Skillet mellom sekt og kirke er ofte flytende og har gjerne en sosiologisk bakgrunn. En sekt er aldri folkekirke, men oftest i opposisjon til denne. Sekter finnes innenfor de fleste religioner. (Store Ettbinds-Leksikon)

Hvor sykt kan det bli? Djevelen vet inderlig godt en ting; gi menighetene "brød og sirkus", å leke, er det beste han (Les djevelen) vet.

''For det skal komme en tid da de ikke skal tåle den sunne lære, men etter sine egne **lyster** (Gresk; epithymia; begjær, lyst) skal de ta seg lærere i **mengdevis,** etter som det klør i øret på dem. De skal **vende** (Gresk; apostrefo; vende seg fra, vende om) øret bort fra sannheten, og vende seg til eventyr.'' (2 Timoteus 4:3-4)

De som lager seg doktriner fra Guds Ord, har ikke skjønt at Guds Ord er, svart og hvit, men med en "rød tråd" gjennom hele Guds Ord, Bibelen. Svart hvit, kan bli sekterisk og kontrollerende, et bilde må også sees fra avstand, den røde tråden leder deg til **roten** av Guds Ord. Å tro kan være så mangt.

I senjødedommen kom troen til å bestå i å holde lovens budskap for sant. Troen ble vurdert som en dyd, en fromhets gjerning på linje med mildhet, barmhjertighet også videre. Derved ble troen redusert til en lovgjerning= lydighet mot Guds bud. Dette var fariseismens store feiltagelse. (Norsk Studiebibel)

Svart hvit, kan fort bli et religiøst fengsel, og gjenkjennelig for alle, med sin stripete fengselsdrakt.

"Men Åndens frukt er kjærlighet, glede, fred, langmo-dighet, mildhet, godhet, trofasthet, **saktmodighet,** avholdenhet. Mot slike er loven ikke. De som hører Kris-tus Jesus til, har korsfestet kjødet med dets lidenskaper og lyster. Dersom vi lever i Ånden, da la oss óg vandre i Ånden! La oss ikke ha lyst til tom ære, så vi egger hver-andre eller misunner hverandre." (Galaterne 5:22-26)

Saktmodig: Saktmodighet og ydmyk er i skriften nær-mest synonyme begreper. I begge tilfeller er det spørsmål om aktivt å underordne seg Guds makt og frel-sesvilje. Forskjellen er nærmest den at mens ydmyk, antyder at en er innstilt på å bøye seg, underordne seg, uttrykker saktmodig måten den ydmyke stiller seg til besværligheten i en ond verden. For den saktmodige er det typisk at han ikke kjemper med samme våpen eller svarer på samme måte, men overlater sin sak til Herren **og venter på hans hjelp.** (Norsk Studiebibel)

Skriver man sin egen biografi, eller er den som regel skrevet av andre?

Saktmodigheten venter. Slik en venter på den som ikke har holdt avtalen, og de begge mister bussen, den som skulle bringe dem til et angitt sted. Det er først når vi står alene, vi forstår alvoret i det.

KAPITTEL 19

RELIGIØSITETENS VANTRO

Vantro har god overtalelsesevne. Egeninteresse kan bli en avgud. Vi dyrker vantroen uten å være klar over det. Jeg har tro, sier du, for å bli helbredet, samtidig som du vet du vil miste uføretrygden din, vil vantroen være god å ha. (I Norge får man støtte for å være syk)

Hva jeg har "krav" på, hvor kommer det fra, annet enn ifra vårt eget ego. Etter å ha vært i land, som man blir personlig konkurs, etter å ha vært langvarig syk, må vi ta vare på de godene vi har fått.

De vantro venter gjerne, på at noen skal dø. Og ta vare på "arven" gjør de vantro veldig gjerne.
Vantro: Gresk; apista; apeitheia; **ulydighet** (mot Gud), gir uttrykk for en motstand mot sannheten.

''Men dette skal du **vite,** (Gresk; ginosko; kjenne, erkjenne, vite, forstå) at i de siste dager skal det komme vanskelige tider. For menneskene skal da være egenkjær-

lige, pengekjære, skrytende, overmodige, spottende, uly-
dige mot foreldre, utakknemlige, uten aktelse for det
hellige. Uten naturlig kjærlighet, uforsonlige, baktalende,
umåtelige, voldsomme, uten kjærlighet til det gode, svi-
kefulle, oppfarende, oppblåste, slike som elsker sine
lyster høyere enn Gud. **De har skinn av gudsfrykt, men
fornekter dens kraft.** Slike skal du vende deg fra.''
(2 Timoteus 3:1-5)

For noen år siden, etter å ha lest disse bibelversene for
ente gang, blir det meg åpenbart, at dette faktisk er pro-
fetisk fra Paulus som skrev dette brevet. "At i de siste
dager skal det komme vanskelige tider", så hvordan kan
det ha seg , at dette er profetisk, siden dette allerede had-
de skjedd.

I Gamle Testamentet, før Paulus, leser man ikke om an-
net; ulydighet, gjenstridighet, egenkjærlige, baktalende,
uten kjærlighet til det gode, svikefulle også videre, og
med gjenspeil på mitt eget liv, dog i nyere tid. (Før jeg
tok imot Jesus som Herre og frelser)
Syndefallet; hvor Kain slår ihjel sin egen bror! Og slik
har verden vært siden. Da spør jeg Jesus, frimodig som
jeg er: Hvordan kan dette være profetisk?
Da svarer en stemme meg, klart og tydelig: **Dette er ik-
ke hvordan verden vil bli, men hvordan menigheten
vil bli.**
Med frysninger, spør jeg igjen: hvordan kan dette skje?
Da svarer stemmen kontant: Med den falske nådesfor-
kynnelsen.

Skrekk og gru, som de gamle tantene ofte sa. En ende-
tidsmenighet, som hever stemmen og sier: Hvem er det
som tramper på min bru? (Og de sitter og venter, på at
noen skal komme)
Når det har brent lenge nok, er det bare aske igjen, hvis
man blåser på det, kan man finne ei og annen glo.

Vantroens redigering.
(Redigere; fransk; latin; utforme, ordne stoffet til; "og
lede utgivelsen av", betyr egentlig; **bringe tilbake**)

Det er de som dømmer mennesker, inn i himmelen og ut
av den. Det er de som dømmer utifra et religiøst perspek-
tiv. Vantro er mer enn å ikke tro. Uten å være født "på
ny", kommer du ikke inn i Guds rike.

''Jesus svarte: Sannelig, sannelig sier jeg deg: Uten at en
blir født av vann og Ånd, kan han ikke komme inn i
Guds rike.'' (Johannes 3:5)

Vantro er mangel på åpenbaringer. Når tro er blitt utvan-
net, er det vantro. Samme som når hvitt har fått noe svart
i seg, blir det grått. Tro skal være rent, som Den Hellige
Ånd.

''Og gjør ikke Guds Hellige Ånd sorg, han som dere har
fått som segl til **forløsningens** (Gresk; lytroo; gjøre fri
ved løsepenger, befri) dag.'' (Efeserne 4:30)

Skal vi unnvike, når vi skal irettesette? Skal vi irettesette når vi egentlig skulle trøste? Luker vi med feil redskap, river vi opp alt. Hvem vet, når vi "dømmer" noen **inn** i himmelen, som i utgangspunktet ikke har noe der å gjøre. Religiøsitetens såpeopera. Medlidenhet uten Guds kraft er død, den kan ikke leve uten. Sentimental er et fremmedord.

Alt jeg sier skal jeg stå i rette for.

Du skal kjennes på frukten.
''La enten treet være godt og dets frukt god, eller la treet være dårlig og dets frukt dårlig. For på frukten skal treet **kjennes** (Gresk; ginosko; kjenne, vite, forstå) Ormeyngel! Hvordan kan dere tale godt, dere som er onde? For det hjertet flyter over av, det taler munnen. Et godt menneske bærer fram gode ting fra sitt gode forråd, og et ondt menneske bærer fram onde ting fra sitt onde forråd. Men det sier jeg dere: Hvert unyttig ord som menneskene sier skal de gjøre **regnskap** for på dommens dag. For etter dine ord skal du bli kjent **rettferdig** (Gresk; dikaioo, rettferdiggjøre; opprinnelig betyr; være ren, rettslig betydning; være frikjent, uskyldig) og etter dine ord skal du bli fordømt.'' (Matteus 12:33-37)

Regnskap - engelsk; account; gresk; fra logos; noe som er sagt (gjelder også tanker) en slutning/konsekvens over et emne, også resonnere; bruke fornuften. Spesifisere; angi enkeltvis; ledd for ledd; nøyeregnende. Guddommelig utrykk; les Jesus Kristus. Regnskap, årsak, grunn, kommunisere, noe som angår en, doktrine, noe en må gjøre, hensikt, ha betydning, munn, forkynne, spørsmål, for en grunn. Tro, anse; beregne, telle. Fjerne, si det ut, avhandling. Uttalelse, ytring, ord, arbeid. (Oversatt fra Strong's)

Å ikke høre Den Hellige Ånd, ‚kommer vantroen's språk, den fornemmer noe urent. Seismologene er vare for bevegelser, rystelser kan være selvforsynt, sett fra Gud's øyne. Hellige Ånd versus intellektet. Og intellektet er god på "uppercuts", knockout så vi ikke ser åpenbaringene. Bare masse stjerner.

Djevelens "åndelighet", kan gjøre oss til religiøse, vantroens barn. Gjøre ulydigheten om til "rettferdige" barn. De som har alt, bortsett fra Åndens frukt.
(Galaterne 5:22)

På kompromiss.
Avlat er et underlig ord, sjekker vi betydningen av ordet før vi bruker det. Være kompromissløs må vi først vite hva vi gjør, eller sier.

Avlat - av norrønt eller indulgens; av latin; betegner i Romersk-katolsk lære, lettelse eller ettergivelse av syndestraffene her på jorden eller i skjærsilden. Såkalte avlatsbrev ble i praksis en slags fribrev for syndene mot Gud. De åpenbare misbruk i avlatshandelen var en av de umiddelbare årsaker til reformasjonen. Avlatshandel ble forbudt i den Romersk-katolsk kirke på midten av 1500-tallet. (Kunnskapsforlaget)

Gjør jeg som du sier, vinker jeg farvel. Er avskjed en betegnelse på at alt er over? Kan kompromissløse overgi seg? Finnes det en lagringsplass for vel overveide uttalelser? Og konkurs betyr jo at det ikke er noe igjen. Så var det ordet avlat igjen, et ord jeg kan **fri** meg ifra. Og ha ingenting igjen, kan jeg jo alltids begynne på nytt. Mye kan man si, i vantroens navn. Endeløse diskusjoner, i Jesu Navn. Og se seg tilbake i avlatens navn, å høre fortiden rope til meg. Lenge før avlaten har blodet hatt lyd i seg.

Dommen over Kain.
''Men han sa (Les; Gud): Hva har du gjort? Røsten av din brors blod roper til meg fra jorden.''
(1 Mosebok 4:10)

Så var det slutten for vantroen´s barn, og som måtte begynne helt på nytt, alene. (1 Mosebok 4:12-14) Vi kan spikre igjen kisten, før liket er ankommet. Og ta problemene på forskudd, når vi likevel en dag skal dø. Og hva med Abel som var rettferdig?

Ved **tro** (Gresk; pistos; tro, trofasthet, tillit, troskap, overbevisning) bar Abel fram for Gud et bedre offer enn Kain. Ved den fikk han vitnesbyrd om at han var rettferdig, for Gud vitnet om hans gaver. Og ved sin **tro** taler han ennå etter sin død. (Hebreerne 11:4)

Så kom Jesus, med sitt blod, på korset, og tok bort all synd. For de som **tror!**

(Tro;, stole på, tillit, trofasthet, overbevist)

"For de er tre som vitner: Ånden og vannet og blodet, og disse tre samstemmer. Tar vi imot menneskers vitnesbyrd, så er Guds vitnesbyrd større. For dette er Guds vitnesbyrd, at han har vitnet om sin sønn. Den som tror på Guds Sønn, har vitnesbyrdet i seg selv. Den som ikke tror Gud, har gjort ham til en løgner, fordi han ikke har trodd det **vitnesbyrd** Gud har vitnet om sin sønn."
(1 Johannes 5:7-10)

Vitnesbyrd - se også: Vitne, stadfeste, bekreftelse, skussmål, omtale, bekjennelse, pant. I Nye Testamentet brukes substansiv, mártyrs; gresk; for et vitne. Det tilsvarende verb er; martyrerin; vitne, gi vitnesbyrd. Subst; martyria; betyr vitnesbyrd, eller; det å avlegge vitnesbyrd. Ordet er mest brukt i rettslig mening, mens synonymet martyrion i Nye Testamentet, så å si utelukkende er brukt i utenomrettslig sammenheng. (Norsk Bibelleksikon)

Når blodet fikk DNA i seg, og den tier ikke, når du blir erkjent skyldig. Intellektets etterforsking. Så fikk vi gjort oss selv til dommere. En fin måte å redigere seg bort ifra sannheten.

Gjennom Treet til Kunnskap, **som vi tok, ikke fikk,** eller ble **gitt.** Så kom erkjennelsen, som igjen "gav" oss intellektet, ulydigheten som fikk konsekvenser; spiller dét noen rolle, nå som vi "vet alt". De som "dyrker" sitt eget hode, uten å spørre: Hvor kommer tankene ifra! De som har føttene godt plantet ned på jorden, de rasjonelle, vil fnyse av en slik tanke. Begreper kommer ikke av seg selv. Hjernen er som et kjøpesenter, virksom for alt og alle, som kommer utenifra.

Rasjonell; av latin; fornuft; **vel planlagt.**

I Nye Testamentet forekommer begrepet "fabel" bare i utvidet mening (gresk; mythos; eventyr) om alt som er religiøst oppspinn, uten forbindelse med sannheten og virkeligheten.

''Da jeg dro til Makedonia, bad jeg deg å bli i Efesus, så du kunne formane visse folk til å ikke fare med fremmed lære, og ikke gi seg av med eventyr og endeløse ættetavler. Slik fører heller til unyttig strid enn til å tjene Guds **frelsesråd** i troen.'' (1 Timoteus 1:3-4)

Frelsesråd; oikonomia; husholdning, forvaltning. En oikonomos var en som forestod forvaltningen av en husholdning eller av andres eiendom. Paulus bruker oikonomia i overført betydning: forvaltningen av evangeliet og Guds hemmeligheter. I Efeserbrevet betegner oikonomia den guddommelige plan med menneskene og virkeliggjørelsen av denne planen. (Norsk studiebibel)

''De skal vende øret **bort** fra sannheten, og vende seg til eventyr.'' (2 Timoteus 4:4)

"Dette vitnesbyrdet er sant. Derfor skal du tale dem **strengt til rette** (Gresk; elengcho; overbevise) for at de kan bli sunne i troen, og ikke gi seg av med jødiske eventyr og bud av mennesker som har vendt seg bort fra sannheten." (Titus 1:13-14)

De som kan ødelegge mest, er faktisk de som står oss nærmest.
Og verst av alt, vi selvutnevner våre egne; koner og barn først.

"Da Samuel ble gammel, satte han sine sønner til dommere over Israel. Hans første fødte sønn hette Joel og hans andre sønn Abia. De dømte i Be´er-seba. Men hans sønner vandret ikke på hans veier. De søkte **bare egen vinning** og tok imot gaver og bøyde retten."
(1 Samuelsbok 8:13)

Og vi forsvarer og forklarer deres synd, som jo er vantro.

"Hver den som gjør synd, bryter også loven, og synd er lovbrudd." (1 Johannes 3:4)

Synd er lovbrudd: **Ulydighet** mot Guds vilje og overtredelser av hans lov. Men synd er også vantro: krenkelse av hans person og hån av hans karakter. (Norsk studiebibel)

Prøv og sette alt sammen til et bilde, puslebiter er det nok av. Mange av dem ligner på hverandre også, bare

fordi du ligner på faren din, gjør deg nødvendigvis ikke
til en av de utvalgte.

"Da samlet alle Israels eldste seg og kom til Samuel i
Rama. Og de sa til ham: Nå er du blitt gammel, og dine
sønner vandrer ikke på dine veier. Så sett nå en konge
over oss til å styre oss, slik som alle folkene har!"
(1 Samuel 8:4-5)

I 2006, ble jeg lagt inn på et sykehus, for å bli operert for
brokk. Når jeg satt på venteliste, til det var min tur, ble
min gele-aktige tro virkelig satt på prøve. Jesus helbre-
der, setter mennesker fri, og kaster ut demoner. Han som
er Kongenes Konge og Herrenes Herre. Han som vet hva
han gjør. Tro kan flytte fjell, og få trær til å kaste seg i
havet. Dette er uten sidestykke, fra Den levende Gud.
Min erfaring, når Jesus satte meg fri fra angst, på "ti-
men", uten psykiatrisk hjelp. Skulle helbredelse av
brokk, bare være rene barnematen. Når noe sitter langt
inne skremmer. Å være med disippelen Peter ned i havet
under bølgene. Når vi prøver å følge Jesus, når **Han** går
på vannet, ingen vits uten tro. Troen min strakk seg ikke
langt nok. Å lytte til andre brokk opererte, og deres ne-
gative opplevelser, gjorde min tro faktisk mer styrket.
Hva jeg hadde **tro for,** gjorde operasjonen vellykket, og
syke fraværet kortvarig. Som selvstendig næringsdriven-
de, er sykefraværet dyrt. Min tro kom helskinnet i fra
det, dog på et lavere nivå.

"Da de kom til disiplene, så de en stor folkemengde omkring dem og noen skriftlærde som var i ordstrid med dem. Og straks alt folket fikk se ham, ble de forferdet, og de løp til og hilste på ham. Han spurte dem: Hva er det dere strides med dem om? En i folkemengden svarte ham: Mester, jeg har ført til deg min sønn, som er besatt av en stum ånd. Når den tar tak i ham, sliter den i ham, han fråder og skjærer tenner og visner bort. Jeg sa til dine disipler at de skulle drive den ut, men de var ikke i stand til det. Han sa da til dem: Du vantro slekt! Hvor lenge skal jeg tåle dere? Før ham til meg! De førte gutten til ham, og da han så Jesus, begynte straks ånden å rive å slite i gutten så han falt til jorden, veltet seg og frådet. Og han spurte hans far: Hvor lang tid har det vært slik med ham? Han svarte: Fra barndommen av. Ofte har den kastet ham i ild og i vann for å gjøre ende på ham. Men om du kan gjøre noe, ha medynk med oss og hjelp oss. Jesus sa til ham: Om du kan tro, alt er mulig for den som tror. Straks ropte guttens far: **Jeg tror! Hjelp min vantro!** Da Jesus så at folket stimlet sammen, truet han den urene ånd og sa til den: Du stumme og døve ånd, jeg befaler deg: Far ut av ham og gå aldri mer inn i ham! Da skrek den høyt og slet hårdt i ham og fór ut av ham. Han lå som livløs, og mange sa: Han er død. Men Jesus grep ham ved hånden og reiste ham opp, og han stod opp. Da han var kommet inn i hus, spurte hans disipler ham i enerom: Hvorfor kunne vi ikke drive den ut? Han sa da til dem: Dette slag kan ikke bli drevet ut uten ved bønn og faste.'' (Markus 9:14-29)

Vi skal bruke den troen vi har, om den enn er svak, og

ikke vente til den blir stor og sterk. Vantro skal bekjempes med bønn i Jesu navn! (Norsk studiebibel)

Vantro er; noe du ikke har tro for, og likevel gjør det.

"Alt som ikke er av tro, er synd." (Romerne 14:23)

Vantro er; når noen har tro for noe, og "tvinger" (Les; manipulerer) deg til å gjøre det samme.
Kontroll er lik vantro, gå ikke i åk med dem.

"Dra ikke i fremmed åk med vantro! For hva delaktighet har rettferd med urett. Eller hva **samfunn** (Gresk; koinonia; **enhet,** samfunn) har lys med mørke? Og hva samklang er det mellom Kristus og Belial? Eller hva samfunn har en troende med en vantro?"
(2 Korinter 6:14-15)

Evangeliet skal forkynnes, om nødvendig, **med ord.** Bare ikke la dette bli hakk i plata. Å gå ut er en kommando, ikke noe du **kan** gjøre. Unnskyldninger er en av ingrediensene i vantro.

Misjonsbefalingen.
"Og da de fikk se ham, falt de ned og tilbad ham. Men noen **tvilte.** Og Jesus trådte fram, talte til dem og sa: Meg er gitt all makt i himmel og på jord! **Gå derfor ut** og gjør alle folkeslag til disipler, idet dere døper dem til Faderens og Sønnens og Den Hellige Ånds navn, og lærer dem å holde alt det jeg har befalt dere. Og se, jeg er

med dere alle dager inntil verdens ende.''
(Matteus 28:17-20)

Vantroen seirer, når den får høre om "Jesus som gikk på vannet", å gå på vannet er lett, særlig når han har vært med på å skape den.

Det evige ordet.
''I begynnelsen var ordet, og ordet var hos Gud, og ordet var Gud. Han var i begynnelsen hos Gud. Alt er blitt til ved ham, og uten ham er ikke noe blitt til av alt som er blitt til.'' (Johannes 1:1-3)

Hvis jeg har evnen til å sette sammen en sykkel så den blir komplett, så vil alle ta det **for gitt,** at jeg også er istand til å sykle på den.

I prologen til Johannes evangeliet kalles Kristus for ordet, logos. Her står vi overfor et nytt, kristent begrep, en nyskapning for så vidt som logos har et nytt innhold; Kristus. Begrepet er her renset og frigjort fra sin bakgrunn i hedensk filosofi. Det er Kristus som her kalles ordet fordi han i sin person er det evige Guds-ord til verden. Han er det fullkomne uttrykket for Faderens vesen. Alt det mennesker kan forstå om Gud, er åpenbart i ordet som ble kjød. "Ordet" er den fulle og endelige åpenbaring av Gud. Denne guddommelige personen som kalles ordet, er på samme tid identisk med Gud og hos Gud som en selvstendig personlighet i forhold til Gud. Jesu ord kan ikke skilles fra hans gjerning og person. **Han**

forkynner ordet og han lever ordet. Han er selv sann-
heten. Ordet er altså ikke bare en veiviser til frelse, det
har i seg selv frelsende kraft. (Norsk studiebibel)

I verdens **opphav** (Gresk; opphav, begynnelse) var Jesus
med på å skape orden på jorden.
I hans kraft. I hans nærvær ble alt skapt. Ordet som ble
kjød. Og oppheve tyngdekraften, når skaperen selv har
tyngde, er lett.

"I ham var liv, og livet var menneskenes lys. Og lyset
skinner i mørket, og mørket tok ikke imot (Gresk; kata-
lambano; gripe) det." (Johannes 1:4-5)

Når noe råtner på rot, duger det etterhvert, til å brennes,
eller det blir stående til en stubbe, grunnlag for ny vekst.

Ut av stubben skal det spire nytt!!
"Og si til ham: Så sier Herren, hærskarenes Gud: Se, det
skal komme en mann som heter spire. Han skal spire
fram av sin rot, og han skal bygge Herrens tempel. Ja,
han skal bygge Herrens tempel. Han skal vinne herlighet
og sitte og herske på sin kongetrone, og han skal være
prest der han sitter på sin trone, og freds råd skal det
være mellom dem begge." (Sakarja 6:12-13)

På en misjonsstasjon med skjøte på tomt, lå alt til rette,
for å bygge et hus, men Jesus sa til meg: Bygg en brønn!
Vantroen sa til meg: Hvor skal du bo!
Når tro er full tillit til Gud, selv når vi ikke ser, nåtid gjør

oss blinde, frykten for fremtiden, frykten for å sove "ute", gjør oss ulydige, og ulydighet er vantro. Og evaluere vantro er vondt. Og se, i etterkant, at mangel på vann, kan bli konfliktfullt. Hva som er mitt er MITT!

Mist ikke motet, heng ikke med hode, men la åpenbaringer ligge i barmen på Guds Ord, bekreftelser er godt.

''Drikk vann av din egen brønn, drikk rennende vann av din egen kilde! Skulle vel dine kilder strømme ut på gatene og dine bekker renne ut på torgene? La dem være for deg alene og ikke for fremmede sammen med deg! La din kilde være velsignet. Gled deg i din ungdoms hustru, den elskelige hind, den yndefulle gasell! La hennes barm opplive deg til enhver tid, og la hennes kjærlighet stadig beruse deg! Min sønn, hvorfor skulle du være beruset av attrå etter en annens manns hustru og favne en fremmed kvinnes barm? For en manns veier ligger åpne for Herrens øyne, og han gir nøye akt på alle hans fotspor. Den **ugudelige** (Hebraisk; rasha; skyldig, ugudelig; synd er også vantro) fanges i sine egne misgjerninger, og han blir holdt fast av sin egen synds snarer. Han må dø, fordi han ikke lot seg tukte, og han går til grunne i sin store **dårskap.**'' (Hebraisk; shagah; fare vill) (Ordspråkene 5:15-23)

Det ene tar det andre.
Troløs er et annet ord, men betydningen er den samme; troløs; se også: falsk, bedrag, svikefull, utro, forråde. Apistéo; gresk; ikke tro, være vantro; være troløs.

"Er vi troløse så er han (Kristus) trofast, for han kan ikke fornekte seg selv." (2 Timoteus 2:13)

Vantro: Fra en religiøs synsvinkel er en vantro en person, som har en religiøst feil oppfattelse, det vil si et religiøst synspunkt, der vesentlig adskiller seg fra eller direkte motsetter pågjeldende religions dogmatikk. (Wikipedia)

Dogmatiker; teolog med dogmatikk som spesiale, person med fastlåste standpunkter diktert av visse læresetninger "sannheter".

Troløs; "Dra ikke i fremmed åk (tospann) med vantro! For hva delaktighet har rettferd med urett? Eller hva samfunn har lys med mørke?" (2 Korinter 6:14)

Slaveriet blir et faktum, når det vi Tok, (Les: Treet til Kunnskap) og det vi Tok ble til vranglære. Å være fastlåst menes i all enkelhet, at vi ikke kommer løs.

Hva om du var godt opp i årene, sprekere enn de fleste, på din alder, helt til ryggen din slår seg vrang, med store smerter, med sykehusopphold og medisiner. Til dagen de sender deg hjem. Ikke kan du gå, ikke kan du stå, ikke sitte, ei heller ligge, noe du gjør fordi det er det eneste alternativet. Ikke kan du lese ei bok, ikke se på tv, (kanskje like greit) ingenting, fastlåst med smerter, bare stirre i veggen. Helt alene, gleden er stor når det kommer besøk, som hjelper deg med det nødvendigste. Og du er av dem som tror på forbønn og håndspåleggelse, stadig vekk, ingenting som hjelper. Alt er prøvd, Guds ord er fulgt.

"På syke skal de legge sine hender, og de skal bli helbredet." (Markus 16:18)

"Er noen blant dere syke? La ham kalle til seg menighetens eldste, og de skal be for ham og salve ham med olje i Herrens navn." (Jakob 5:14)

Så kommer det en bror fra menigheten, som har fått et ord fra Herren Jesus og sier: Mens du ligger her med smerter så ha samtaler med Jesus, i tunger. (Tungetale er et hemmelig språk med den Treenige Gud, som djevelen ikke har tilgang til, 1 Korinter 14:2). Samtale med ham, så skal du få forløsning. Et smil med taushet kan bety så mangt. Noe senere kommer broderen spent tilbake, forventer mirakler. Hvorpå den sengeliggende bare sier dette: Som ung kristen opplevde jeg menigheten å tvinge på meg tungetale, og det sitter fortsatt langt inne. Forresten sier bibelen at ikke alle har tungetale. (1 Korinter 12:30) Når sår ikke er leget, og tungetale ble temaet og ikke helbredelsen, med senket hode forlater broderen henne, og går skuffet hjem. Og ikke nok med det, får hun sympati og støtte fra andre, som også sier: Broder, jeg tror ikke dette er bibelsk. Enden på visa, var tristhet og forvirring, for denne broderen. Samtale med Jesus gir forløsning, som sier: Gå, hjem, les din Bibel om Na´am og Elisa profeten.

"Så kom Na´am med sine hester og sin vogn og stanset ved døren til Elisas hus. Og Elisa sendte et bud ut til ham og sa: **Gå og bad deg sju ganger i Jordan!** Så skal ditt kjøtt bli friskt igjen, og du skal bli ren.

Da ble Na´am vred og dro bort og sa: Jeg tenkte at han ville komme ut til meg og stå fram og påkalle Herrens, sin Guds navn og føre hånden fram og tilbake over det syke stedet, og ta bort spedalskheten. Er ikke elvene ved Damaskus, Abana og Parpar, bedre enn alle Israels vann! Kunne jeg ikke bade meg i dem og bli ren? Og han **vendte om** og drog bort i vrede. Men hans tjenere trådte fram og talte til ham og sa: Min far! Dersom profeten hadde bedt deg gjøre noe vanskelig, ville du da ikke gjort det? Hvor meget mer når han bare sier til deg: Bad deg, så skal du bli ren! Så drog han ned og dukket seg sju ganger i Jordan, slik Guds mann hadde sagt. Og hans kjøtt ble friskt, som på en liten gutt, **og han ble ren.**" (2 Kongebok 5:9-14)

Som det står i 1 Samuelsbok 15:22-23.
Lydighet er bedre enn offer, **lydhørhet** er bedre enn fettet av værer. For gjenstridighet er ikke bedre enn trolldomssynd, og **trass** er som avgudsdyrking. Når Gud tester lydigheten vår, skjuler han seg alltid bak et Guds ord. Det er trist når de religiøse hårdnakket står fast på Guds ord.

Det vil være mange troløse troende, når Jesus kommer igjen.

"Han sa (Jesus) en lignelse til dem om at de alltid skulle be og ikke bli trette: Det var en dommer i en by, som ikke fryktet Gud og ikke tok hensyn til noe menneske. Og det var en enke der i byen. Hun kom gang på gang til ham og sa: Hjelp meg til å få rett over min motstander! Lenge ville han ikke, men til sist sa han til seg selv: Om jeg verken frykter Gud eller tar hensyn til noe menneske, så vil jeg likevel hjelpe denne enken til å få rett, fordi hun bryr meg slik. Ellers kommer hun vel til slutt og slår til meg. Og Herren sa: Hør hva den urettferdige dommer sier! Men skulle da ikke Gud hjelpe sine utvalgte til sin rett, de som roper til ham dag og natt? Er han sen når det gjelder dem?

Jeg sier dere: Han skal skynde seg å hjelpe dem til sin rett! **Men når menneskesønnen kommer, mon han da vil finne troen på jorden?**" (Lukas 18:1-8)

Og når tro betyr; full tillit, stole på, trofasthet og overbevisning. Da kommer jo Lydigheten av seg selv.

"Han gikk da med ham. En stor folkemengde fulgte med, og de trengte seg om ham. (Jesus)
Der var også en kvinne som hadde hatt blødninger i tolv år. Hun hadde lidt meget under mange leger. Alt det hun eide, hadde hun brukt uten å bli hjulpet, **det var heller blitt verre med henne.** Hun hadde hørt om Jesus, og kom nå bakfra i folkemengden og rørte ved kappen hans. For hun sa: Kan jeg få røre, om så bare ved hans klær, så blir jeg friskt. Da stanset blødningen med en gang, og hun kjente i sitt legeme at hun var blitt helbredet for sin

plage. Straks **merket** (Gresk; epiginosko; kjenne, er-
kjenne, vite, uttrykker ofte den mer fullstendige og
inngående kunnskap) Jesus på seg selv at en **kraft**
(Gresk; dynamis; kraft) gikk ut fra ham. Han vendte seg
om i folkemengden og sa: Hvem var det som rørte ved
mine klær? Hans disipler sa til ham: Du ser at folket
trenger seg på deg, og så spør du: Hvem rørte ved meg?
Og han så seg omkring for å få øye på henne som hadde
gjort dette. Men kvinnen, som visste hva som var skjedd
med henne, kom redd og skjelvende fram. Hun falt ned
for ham og fortalte ham hele sannheten. Han sa da til
henne: **Datter din tro har frelst deg. Gå bort i fred, og
vær helbredet fra din plage!**'' (Markus 5:24-34)

Tving ikke "din tro" på meg, sa vantro, i dét "han" åpnet
sin munn, var det for sent.

''Ormeyngel! Hvordan kan dere tale godt, dere som er
onde? For det hjertet flyter over av, det taler munnen.''
(Matteus 12:34)

**Og meditere på Guds Ord, dag og natt, er å meditere
så vi skjønner kraften i ordet, ikke ordet i seg selv.**

''Jeg har lov (Gresk; exousiazo; ha myndighet) til alt-
men ikke alt gagner. Jeg har lov til alt-men jeg skal ikke
la noe få makt over meg!'' (1 Korinter 6:12)

Hvilken rett har jeg, å definere vantro, peke finger, igjen,
det du sår, skal du høste, som for eksempel, fordømmel-

se.

Fravær av tro, hva er det? Kan ikke en spade være en spade, og intellekt være intellekt.

Vekst til frelse.

''Legg derfor av all ondskap, all svik og hykleri, misunnelse og all **baktalelse.** Som nyfødte barn må dere lengte etter den uforfalskede **åndelige** (Gresk; logikos; fornuftig, åndelig. Ordet betyr opprinnelig det som hører talen eller fornuften til , men det betegner i Nye Testamentet det som har med logos i spesifikk bibelsk forstand å gjøre, det som tjener ånden) melk, for at dere ved den kan vokse til frelse-så sant dere har smakt at Herren er god! Kom til ham, den levende stein, som vel ble vraket av mennesker, men er utvalgt og dyrebar for Gud, og bli også selv oppbygd som levende steiner til et åndelig hus, til et hellig presteskap til å bære fram åndelige offer, slik som er Gud til behag ved Jesus Kristus. For det heter i Skriften: Se, jeg legger i Sion en hjørnestein, utvalgt og dyrebar. Den som tror på ham, skal ikke bli til skamme. Æren tilhører altså dere som tror. Men for de **vantro** er den stein byggningsmennene forkastet, blitt til hjørnestein og snublestein og **anstøtsklippe.** (Gresk; skandalon; anstøt, forførelse) Det er disse som snubler ved sin **vantro mot ordet-**til det er de også satt. Men dere er en utvalgt ætt, et kongelig presteskap, et hellig folk, et folk til eiendom, **for at dere skal forkynne hans storhet,** han som kalte dere fra mørket til sitt underfulle lys, dere som før ikke var et folk, men nå er blitt Guds folk dere som før hadde funnet miskunn, men nå har fått miskunn.

Mine kjære! Jeg **formaner** dere som fremmede og ut-
lendinger, at dere avstår fra de kjødelige lyster, som
strider mot sjelen. La deres ferd blant hedningene være
god, så at de, skjønt de baktaler dere som ugjernings-
menn, likevel må prise Gud på den dag når han **besøker**
(Gresk; episkope; tilsynsembete, eldste) dem, fordi de
ser de gode gjerninger dere gjør.'' (1 Peter 2:1-12)

Når min sønn på 4 år, plukker seg i nesa, ser sitt snitt, og
tørker fingeren sin på mitt klesplagg, som jeg går med, er
ikke forundringens tid over. Oppdragelse er det ikke, når
far gjør det samme, og innser at omvendelse ikke er en
engangsforeteelse. Engang må alt ta slutt, det gjelder
vantro også.

''Derfor, etter at jeg har hørt om deres tro på Herren
Jesus, og om deres kjærlighet til alle de hellige, holder
jeg ikke opp med å takke Gud for dere når jeg minnes
dere i mine bønner. Jeg ber om at vår Herre Jesu Kristi
Gud, herlighetens Far, må gi dere visdoms og
åpenbarings Ånd til **kunnskap** (Gresk; epignosis;
erkjennelse) om seg. Og gi deres hjerter opplyste øyne,
så dere kan forstå hvilket håp han har kalt dere til, hvor
rik på herlighet hans arv er blant de hellige, og hvor
overveldende stor hans makt er for oss som tror, etter
virksomheten av hans veldige kraft.'' (Efeserne 1:15-19)

KAPITTEL 20

KATOLISME OG ELLERS

Forførelse kommer som regel, i en form, av ord. Å bli snakket til, å bli forført, skaper ikke debatt, fordi du vil ha det!

Å skylde på forføreren, må du faktisk tro om igjen. Så enkelt, pallen rett inn i kjøpesenteret, uten sortering. Enklere kan det ikke bli. Stol på meg, var det en som sa. Hva er det som er motsetningen til tilitt? Først når forførelse kommer på trykk, er vi alle enige. Overbevisende tro, er ikke det samme som rettferdig av tro. Overbevisende er lærende, rettferdig av tro, lever du, med full tilitt, overbevist!

Du kan ikke legge en doktrine ovenpå en annen doktrine, for å få plass, må den ene rives bort, med røttene. Hvis du ble "født på ny", og bygger det nye på det gamle, blir som å bygge på sand. For før du vet ordet av det, hvisker katolismen deg i øret. Tankebygningene vil til slutt rive deg ned, fra plattformen du står på.

''For selv om vi lever i kjødet, så fører vi ikke vår strid på kjødelig vis. For våre våpen er ikke kjødelige, men de er mektige for Gud til å bryte ned festningsverker. Idet vi river ned tankebygninger og enhver høyde som reiser seg mot kunnskapen om Gud, og tar enhver tanke til fange under lydigheten mot Kristus. Vi er rede til å straffe all ulydighet, nå bare deres egen lydighet er blitt fullkommen.'' (2 Korinter 10:3-6)

Doktrine; av latin; læresetning, vitenskap.
Doktriner; som **pedantisk** og ensidig hevder en teori.

Pedant; av italiensk; smålig, nøyeregnende person; pedanten; overdreven nøyaktighet i småting. (Kunnskapsforlaget)

Jeg tror Jesus er "allergisk" mot religiøsitet, siden han spytter på jorden, lager en deig av leire og legger det i øynene på folk og helbreder på sabbaten!

''Og da han gikk videre, så han en mann som var født blind. Hans disipler spurte ham: Rabbi, hvem har syndet, han eller hans foreldre, siden han ble født blind? Jesus svarte: Verken han eller hans foreldre har syndet. Men det er skjedd for at Guds gjerninger skulle åpenbares på ham. Jeg **må** (Gresk; dei; det er nødvendig) gjøre hans gjerninger som har sendt meg, så lenge det er dag. Natten kommer da ingen kan arbeide. Mens jeg er i verden, er jeg verdens lys. Da han hadde sagt dette, spyttet han på jorden, laget en deig av spyttet og smurte deigen på øynene hans. Og han sa til ham: Gå og vask deg i dammen Siloa! -Det betyr; utsendt. Han gikk da bort og vasket seg, og kom tilbake seende." (Johannes 9:1-7)

Det var sabbat den dagen da Jesus laget deigen og åpnet øynene hans. (Johannes 9:14)

Noen av fariseerne sa da: Denne mann er ikke fra Gud, siden han ikke holder sabbaten. Andre sa: Hvordan kan et menneske som er en synder, gjøre slike tegn? Og det var uenighet blant dem. (Johannes 9:16)

Og det er mennesker som puster meg i nakken, i et forsøk på å gi meg åndeligheten sin, selv hinduister gjør noe av det samme. Og kopiere Jesus med vår egen "åndelighet", gjør vi ham til en statist og ikke en levende Gud.

"Og Jesus sa: Til dom er jeg kommet til denne verden, for at de som ikke ser, skal se, og de som ser, **skal** bli blinde." (Johannes 9:39)

Når jeg var blind i verden, gav Jesus meg synet. Og når jeg ser lenge nok, til å bli religiøs, **skal** jeg bli blind.

"Pure and undefiled **religion** before God and the Father is this; to visit orphans and widows in their trouble, and to keep oneself unspotted from the world." (James 1:27)

"En ren og ubesmittet **religion** for Gud Faderen er dette; å se til farløse og enker i deres **nød** (Gresk; thlipsis;

trengsel) og å holde seg uplettet av verden. (Oversatt til Norsk - Jakob 1:27)

Det er når de blinde hører, og de som ser blir døve, er da det går opp for meg, at sansene tar oss på senga.

''De sa til ham (Les; fariseerne): Hva gjorde han med deg? Hvordan åpnet han øynene dine? Han svarte dem; jeg har allerede sagt dere det, og dere hørte ikke på det. Hvorfor vil dere høre det nå igjen? Kanskje også dere vil bli hans disipler? Da skjelte de ham ut og sa: Du er hans disippel! Men vi er disipler av Moses. Vi vet at til Moses har Gud talt. Men hvor er denne mannen fra, vet vi ikke. Mannen svarte dem: Dette er da merkelig! Dere vet ikke hvor han er fra, enda han har åpnet øynene mine! Vi vet at Gud ikke hører syndere, men han **hører** den som er gudfryktig og gjør hans vilje. Aldri fra verden ble til, har en **hørt** at noen har åpnet øynene på en blind født. Var ikke denne mannen (Les Jesus) fra Gud, kunne han ingenting gjøre. De svarte og sa til ham: Du er helt og fullt født i synder, og du vil lære oss? Og de kastet ham ut.'' (Johannes 9:26-34)

Som "misjonær" i Filippinene, ble jeg forundret, å oppdage at de fattige, vil ha, det de rike tok. Bare for at de fattige ble, enda fattigere, gjeldsslaveri er verre, enn å nøye seg med lite.

''Ja, gudsfrykt med nøysomhet er en stor vinning! For vi hadde ikke noe med oss inn i verden, og det er klart at vi heller ikke kan ta noe med oss herfra. Har vi mat og klær, skal vi la oss nøye med det.'' (1 Timoteus 6:6-8)

Religiøs undertrykkelse skaper uorden.

''Hvem er vis og forstandig blant dere? Han må ved god ferd vise sine gjerninger i ydmyk visdom. Men om dere bærer på bitter misunnelse og selvhevdelse i deres hjerter, da ros dere ikke mot sannheten og lyv ikke mot den! Ikke er dette den visdom som kommer ovenfra, men den er jordisk, **sanselig**. (Gresk; psychikos; sjelelig, naturlig) og **djevelsk** (Gresk; daimoniodes; demonisk) For der det er misunnelse og selvhevdelse, der er det **uorden** og alt som ondt er.'' (Jakob 3:13-16)

Uorden; er en gjengivelse av gresk; akatastasia; ustadighet, ustøhet; uorden, **forvirring,** opprør. (Norsk Bibel leksikon)

Religiøs undertrykkelse, så hvorfor nevner du ikke Islam? Fordi Islam er ikke en trussel, bare vår egen ugudelighet!
Vår egen ugudelighet, av respekt, tar imot Trojas hest, som kommer ut av den, nattestid, når vi minst venter det.

''Kjødets gjerninger er åpenbare. Det er slikt som utukt, urenhet, skamløshet, **avgudsdyrkelse,** trolldom, **fiendskap,_trette,** avindsyke, **sinne, ærgjerrighet, splittelse, partier,** misunnelse, **mord,** drukkenskap, svirelag og annet slikt. Om dette sier jeg dere på forhånd, også før har sagt dere: De som gjør slikt, skal ikke arve Guds rike. Men Åndens frukt er kjærlighet, glede, fred, langmodighet, mildhet, godhet, trofasthet, saktmodighet, avholdenhet.'' (Galaterbrevet 5:19-22)

Og ordet respekt, ble bare en falsk silhuett av seg selv. Og ordet respekt, som vi tok imot, bygd på vår egen feighet, og ikke lydighet mot Den Allmektige Gud, som er en nidkjær Gud.

''For de forteller selv om den inngang vi fikk hos dere. Dere omvendte dere til Gud **fra avgudene,** for å tjene den levende og sanne Gud, og vente på hans sønn fra himlene - han som Gud oppvakte fra de døde, Jesus, han som frir oss fra vreden som kommer.''
(1 Tessaloniker 1:9-10)

Respekt er aksept. Og ugudeligheten kan ikke overvinne avgudene, bare de som er ekte vitner for Jesus Kristus. Prøve åndene er en gave, vi må ta i bruk.

''Men Åndens åpenbarelse blir gitt enhver til det som gagnlig. For til én blir det gitt visdoms tale ved Ånden, til en annen kunnskaps tale ved den samme Ånd, en annen får tro ved den samme Ånd, en annen nådegaver til å helbrede ved den samme Ånd. En annen får kraft til å gjøre undergjerninger, en annen en gave til å tale profetisk, en annen gave til **å prøve ånder.** En annen får ulike slags tunger, en annen tydning av tunger. Alt dette virker den ene og samme Ånd, **som deler ut til hver enkelt**

etter som han vil.'' (1 Korinter 12:7-11)

Og de som "prøver" alt og alle som står dem "imot", bortsett fra menigheten som er "med" dem.
Uorden, er forvirring.

''For Gud er ikke en uordens Gud, men freds Gud.''
(1 Korinter 14:33)

Å se verden fra sitt eget ståsted, og alle ståstedene skygger for hverandre. (Prøv alt, hold hast på det gode.
1 Tessaloniker 5:21)
Hva godt kan det komme, ut av det. Muskuløse tanker i lys av at noe er sterkt i seg selv, skulle vel heller min svakhet gi meg styrke.

''Derfor er jeg vel tilfreds i skrøpelighet, under mishandling, i nød, i forfølgelser og trengsler for Kristi skyld. For når jeg er skrøpelig, da er jeg **sterk.**'' (2 Korinter 12:10) (Sterk; gresk; dynamis; Jesus er bærer av en spesiell kraft)

Prøv alt, og hold fast på det gode, er et godt argument; når du velger å gå i **åk** med noe eller noen.

''Dra ikke i fremmed åk med **vantro.** (Gresk; apistos; apatheia; vantro, ulydighet, gir uttrykk for en motstand mot sannheten) For hva delaktighet har rettferd med urett? Eller hva samfunn har lys med mørke? Og hva samklang er det mellom Kristus og Belial? Eller hva samfunn har en troende med en vantro? Og hva enighet er det mellom Guds tempel og **avguder?** Vi er jo den levende Guds tempel, som Gud har sagt: Jeg vil bo hos dem og ferdes iblant dem, jeg vil være deres Gud og de skal være mitt folk. Gå derfor ut fra dem og skill dere fra dem, sier Herren, og rør ikke noe urent! Da vil jeg ta imot dere.'' (2 Korinter 6:15-17)

Avgud; se også: Guder, **husguder,** astarte, Ba´al, molk, kamos, dagon, **avgudsdyrkelse, frafall,** avgudstempel, alter, **avgudsbilde,** avgudshus, **villfarelse,** avgudsprest. (Norsk Bibel leksikon)

Å gå i åk med noe, er ikke det samme som å være i ett med noen.

''Dersom noen farer med fremmed lære, (hvis noen lærer **annerledes**...Bibelen Guds Ord) og ikke holder seg til vår Herre Jesu Kristi sunne ord og den lære som hører til gudsfrykt, da er han oppblåst og forstår intet. Han er bare syk etter stridsspørsmål og ordkrig. Dette fører bare til misunnelse, strid, spott, onde mistanker og stadig krang-el mellom mennesker som er **fordervet** i sitt **sinn** (Gresk; nous; sinn, forstand, evne til å bedømme) og har tapt sannheten, og ser på gudsfrykten som en vei til vin-ning.'' (1 Timoteus 6:3-5)

En teolog studerer bibelen, til han finner det som passer. Til det som klør i øret, så det blir lettere å forsvare seg , når de vil holde fast på doktrinene sine. De går inn i grunnteksten, finner de hebraiske og greske ordene som passer. De går inn i oversettelsene som klør mest i øret. De kjøper "kristne" bøker som romaniserer evangeliet om Jesus, helt til alt passer, inn i sine doktriner. Mange skal forføre mange, gir et større bilde, enn bare falske profeter.

"Mange falske profeter skal stå fram, og de skal forføre mange." (Matteus 24:11)

"Mange vil komme til å følge dem på deres skamløse ferd, og for deres skyld skal sannhetens vei bli spottet, og i sin griskhet vil de utnytte dere til sin egen vinning med oppdiktede ord. Men fra gammel tid er ikke dommen over dem virksom, og deres fortapelse sover ikke." (2 Peter 2:2-3)

Det er de som holder fast på Guds ord, de spør ikke Jesus; kunne jo hende det var djevelen som svarer. Åndeligheten deres går på ren rutine. Våte såpestykker som nekter å holde fast på noe. Klorer seg fast i det de tror på, som om sannheten er foranderlig. Og argumenterer med at vi forstår så lite, med den erkjennelsen, vil man ikke få det åpenbart. Å si: "Total mangel på ydmykhet", blir å snakke til barnsligheten, som ikke vil høre.

Tenk om det kom en vranglærer som sa: Mitt "evangelium" er ikke sant, hør ikke på meg. Når du tror på det du tror på, når du selv har blitt forført. Selv Adolf Hitler var overbevist til det siste. Djevelen er løgnens far, selv løgn kan høres troverdig ut.

Vranglærerens vesen og ferd.
''Disse selvsikre vågehalser! De skjelver ikke for å spotte høye åndemakter, mens engler, som er større i makt og styrke, ikke feller noen spottende dom mot dem overfor Herren. Men disse mennesker ligner ufornuftige dyr, som av naturen er født til å fanges og forgå. De spotter det de ikke kjenner, og skal forgå i sitt forfall. De får urettferdighets lønn, som de fortjener. De ødsler bort dagen i **nytelser** (Gresk; hedone; lyst) disse kjensler og skamflekker. De fråtser i sine onde lyster når de fester sammen med dere. Deres øyne er fulle av skjøgen og umettelig i synd. De forfører **ubefestede** sjeler. Deres hjerte er oppøvd i grådighet, disse forbannelsens barn. **De har forlatt den rette vei, og er faret vill.** De har fulgt Bileams, Beors sønns vei, han som elsket urettferdighets lønn, og ble irettesatt for sin overtredelse: Et umælende trelldyr talte med et menneskes røst og hindret profetens dårskap. De er vannløse brønner, skyer som drives av sted av stormvind. Mørkets natt er rede for dem. For ved å tale skrytende, tomme ord, lokkes de ved skamløshet i kjødets lyster dem som nettopp har flyktet bort fra dem som ferdes i forvillelsen, og de lover dem frihet, de som selv er forfallets treller. For det som en ligger under for, det er han og blitt **trell** (Gresk; douloo; gjøre til trell) av.'' (2 Peter 2:11-19)

Ubefestet; uten forsvarsverk, vaklende, **lett påvirkelig.**

En kardinal vil aldri snakke om hva som skjer i Vatikanet, "frimurerlosjen" sier det som passer. Det man kan finne i katakombene under dem, er det bare Gud Den Allmektige som vet. Og de som vet, holder det for seg selv. Og skjult er noe man ikke ser. Og katakombene, kan man bare ané omfanget av.

Katakomber; av gresk; underjordiske ganger med gravkammer i veggene. De eldste kristne overtok fra jødene og romerne skikken å bygge katakomber. Ble også brukt som gudstjenestelokaler og tilfluktssteder. Noen er utstyrt med freskomalerier. De fleste kristne katakombene stammer fra 2-300 tallet og finnes i Roma, Napoli, Jerusalem o.fl. steder. De mest kjente er Romas med en samlet lengde på ca 900 km. Ca 6 millioner lik er begravd der. (Kunnskapsforlaget)

Religionen er død, jo dypere man graver, ingen lukt lenger, bare bein og jord. De religiøse vil også dø, selv om de prøver å være "vikar for Jesus."

''Ve dere, skriftlærde og fariseere, dere hyklere, som ligner kalkede graver som utvendig er vakre å se til, men innvendig er fulle av dødningebein og all slags urett. Slik synes også dere i det ytre rettferdige for folk, men innvendig er dere fulle av hykleri og lovløshet.''
(Matteus 23:27-28)

Når jordmor klipper av den katolske navlestrengen din, et forsøk på å gi deg selvstendigheten. Når kultur ble tro,

tro ble religion, og religionen ble en statue stående på et hjørnebord i egen stue. Så fikk ordet arv, en helt annen betydning. Hvem kan slå deg på fingrene? Hvem kan vel lytte, når man allerede har bestemt seg? Stahet er stolthet, som også er selvstendig!

Jesus gir løfte om en annen talsmann.
''Dersom dere elsker meg, **da holder dere mine bud.** Og jeg vil be Faderen, og han skal gi dere en annen **talsmann,** for at han skal være hos dere for evig, sannhetens Ånd, som verden ikke kan få, for den ser ham ikke og kjenner ham ikke. Dere kjenner ham, for han blir hos dere og skal være i dere.'' (Johannes 14:15-17)

Talsmann; som egentlig betyr; "en som tilkalles", talsmann, hjelper, advokat.

Men talsmannen, Den Hellig Ånd skal lære oss alle ting. Det betyr at ingen andre kan lære oss Guds ord, uten Den Hellige Ånd.

''Men en Herrens engel talte til Filip og sa: Bryt opp og dra mot sør på den vei som går ned fra Jerusalem til Gasa. Denne veien er øde. Filip brøt opp og drog av sted. Og se, en etiopisk Hoffmann, en mektig embetsmann som hadde tilsyn med skattkammeret hos den etiopiske dronning Kandake, var kommet til Jerusalem for å tilbe. Han var nå på hjemvei, og satt i sin vogn og leste profeten Jesaja. **Da sa Ånden til Filip;** gå dit bort og hold deg nær til den vognen! Filip løp da borttil, og hørte at han

leste profeten Jesaja, og sa: **Skjønner** (Gresk; ginosko; kjenne, vite, forstå) du det du leser? Han svarte: Hvordan skulle jeg vel kunne det når ingen rettleder meg? Og han **bad** (Gresk; parakaleo; formane, oppmuntre) Filip stige opp og sette seg sammen med ham.''
(Apostlenes Gjerninger 8:26-31)

Men den rettferdige av tro, skal leve. (Hebreerne 10:38) Så hvis jeg tror, så er jeg rettferdig. (Les; troen på Jesus Kristus) Så hvis tro er rettferdig, hva er rettferdighet da? Er jeg rettferdig uten tro, og død uten gjerninger? Å være rettferdig, er en lignelse man ikke **skjønner** (Les; **erkjenner**) noe av.

''Men når menneskesønnen kommer i sin herlighet, og alle englene med ham, da skal han sitte på sin herlighets trone. Og alle folkeslag skal samles framfor ham. Han skal skille dem fra hverandre, likesom gjeteren skiller sauene fra geitene. Han skal stille sauene ved sin høyre side, og **geitene** ved sin venstre side. Da skal kongen si til dem ved sin høyre side: Kom hit, dere som er velsignet av min Far! Arv det rike som er beredt for dere fra verdens grunnvoll ble lagt. For jeg var sulten, og dere gav meg mat. Jeg var tørst, og dere gav meg å drikke. Jeg var fremmed, og dere tok imot meg. Jeg var naken, og dere kledde meg. Jeg var syk, og dere så til meg. Jeg var i fengsel og dere kom til meg. Da skal de **rettferdige** svare ham og si: Herre, når så vi deg sulten og gav deg mat, eller tørst og gav deg å drikke? Når så vi deg fremmed og tok imot deg, eller naken og gav deg klær? Når så vi deg syk eller i fengsel og kom til deg? Og kongen skal svare og si til dem: Sannelig sier jeg dere: Alt dere gjorde mot én av disse mine minste brødre, det gjorde dere mot meg.'' (Matteus 25:31-40)

Rettferdig; gresk; dikaios; rettferdig, rettskaffen. Betegner den som oppfyller sine forpliktelser, i bibelsk bruk særlig; den som oppfyller Guds vilje, retter seg etter Guds norm. (Norsk Bibel leksikon)

Jeg er rettferdig, fordi jeg tror. Kan vi ikke bare kalle det for "catch 22."

Catch 22.

Catch-22 er en roman skrevet av den amerikanske forfatteren Joseph Heller i 1961. Den regnes først og fremst som en antikrigsroman, men er også en kritikk av byråkrati generelt. Boken følger den oppdiktede bombesikteren "kapt. Yossarian" og et antall andre amerikanske flysoldater under den andre verdenskrig på den italienske øya Pianosa, sør vest for Elba.

Det logiske begrepet ‹‹catch 22›› forklares tidlig i boka:
Det fantes bare èn paragraf, og det var paragraf 22, som sa at bekymringer er ens egen sikkerhet overfor virkelige og overhengende farer var et produkt av en fornuftig tankeprosess. Orr var sinnssyk og kunne bli fritatt. Alt han hadde å gjøre var å be om det, men så snart han gjorde det, var han ikke lenger sinnssyk og måtte fortsette å fly. Orr måtte være sinnssyk for å fortsette å fly og

frisk hvis han ikke gjorde det, men hvis han var frisk, måtte han fly. Hvis han fløy, var han sinnssyk og behøvde ikke å gjøre det, men hvis han ikke ville, var han frisk og måtte. Yossarian var dypt grepet av paragraf 22s innlysende klarhet og plystret imponert.

‹‹Det er sannelig litt av en paragraf, denne paragraf 22,›› bemerket han.

‹‹Det er den beste paragraf som finnes,›› samtykket doktor Daneeka. (Wikipedia)

Men den rettferdige av tro skal leve. Den beste "paragrafen" som finnes. For den som gjerne vil tro, men som fortsetter med å synde. "Catch 22 kristen", samme hva jeg gjør, er jeg frelst.

Når jeg leverer en vare, forlanger jeg en underskrift på at varen er levert. En underskrift er at vedkommende har forstått innholdet av kontrakten som ble gitt. Slik at ingen skal unndra seg avtalen.

‹‹Men den rettferdige av tro, skal leve. Og dersom han unndrar seg har min sjel ikke behag i ham.''
(Hebreerne 10:38)

Og si: Jeg gjorde mitt beste, den holder ikke!

''Kast derfor ikke bort deres frimodighet, som har stor lønn! For dere trenger til tålmodighet, for at dere kan oppnå det som er lovt, **etter at dere har gjort Guds vilje.**'' (Hebreerne 10:35-36)

Ps: Troens frukt og konsekvens er takknemlig lydighet mot ordet, og troens dype hemmelighet er det evige livssamfunn med Herren.

Fra å være religiøs, til å bli ugudelig, er veien kort.

''Har noen brutt Mose lov, da dør han uten barmhjertighet på to eller tre vitners ord. Hvor meget verre straff tror dere da den skal aktes verd, som har trådt Guds sønn under føtter og foraktet **paktens** blod, det som han ble helliget ved, og har spottet nådens Ånd?
(Hebreerne 10:28-29)

Pakt: En høytidelig overenskomst der to parter gjensidig går inn under visse forpliktelser som grunnlag for samfunn. Pakt mellom Gud og mennesker; her er initiativet alltid Guds eget, og det kan aldri bli tale om en overenskomst mellom to jevnbyrdige. Den menneskelige parten kan aldri forlange noe som sine rettigheter, men får på de vilkår Gud har satt, lov til å regne med hans paktstroskap med beskyttelse og velsignelse. (Norsk Studiebibel)

Når teppet revnet til det innerste, idét Jesus dør på korset, revnet religiøsiteten i to. Vi kunne gå helt inn, men hengte det bare opp igjen, etter å ha vasket den ren. Gamle pakten erstattet med en ny. Vasket, rent og ryddig.

''Når den urene ånd har forlatt et menneske, flakker den i tørre trakter og leter etter et hvilested, men finner det ikke. Da sier den: Jeg vil vende tilbake til mitt hus som jeg gikk ut av. Når den så kommer dit, finner den det ledig, feid og pyntet. Da går den bort og tar med seg sju andre ånder, verre enn den selv, og de flytter inn og bor der. Og for det menneske blir det siste verre enn det første. Slik skal det også gå med denne onde slekt.'' (Matteus 12:43-45)

Når Jesus sier: Men når menneskesønnen kommer, mon han da vil finne **troen** (Gresk; pistis; tro, tillit, troskap, trofasthet, overbevisning) på jorden? (Lukas 18:8)
Og når vi vet hva ordet Tro betyr, sier han egentlig dette: Mon tro når jeg kommer tilbake, om jeg vil finne noen som med full tillit stoler på meg. Eller noen som er trofaste med full overbevisning. Mon tro om jeg overhode finner noen som er lydige mot ordet. Guds ord.

''Da jeg var **barn,** (Gresk; nepios; umyndig, opprinnelig: en som ikke snakker, spedbarn) talte jeg som et barn, tenkte jeg som et barn, dømte jeg som et barn. Men da jeg ble mann, la jeg av det barnslige. For nå ser vi som i et speil, i en gåte, men da skal vi se ansikt til ansikt. Nå **kjenner** (Gresk; ginosko; kjenne, vite, forstå) jeg stykkevis, men da skal jeg **kjenne** (Gresk; epiginosko; kjenne, **erkjenne**) fullt ut, likesom jeg selv er fullt ut **kjent** (Gresk; epiginosko; **erkjenne**)
Men nå blir de stående disse tre: Tro (Gresk; pistis) håp og kjærlighet. Men størst blant dem er kjærligheten.''
(1 Korinter 13:11-13)

Den "gamle pakt" sa: Gå ut, former dere og bli mange.

"Og Gud velsignet dem og sa til dem: Vær fruktbare og bli mange, **fyll jorden,** legg den under dere og råd over havets fisker og himmelens fugler og over alt levende som rører seg på jorden. Og Gud sa: Se, jeg har gitt dere alle planter som sår seg over hele jorden, og hvert tre med frukt som setter frø. Det skal være føde for dere." (1 Mosebok 1:28-29)

Og når de ble mange nok, så kom den Nye Pakt: Gå ut i all verden, forkynn evangeliet om Jesus.

"Gå derfor ut og gjør alle folkeslag til disipler, idet dere døper dem til Faderens og Sønnens og Den Hellige Ånds navn, og lærer dem å holde alt det jeg har befalt dere. Og se, jeg er med dere alle dager inntil verdens ende!" (Matteus 28:19-20)

Å gå ut, setter alt i bevegelse. Dette er ikke "trim for eldre." Kunnskap er ikke nok.

Og bevegelse er når hjertet slår!

KAPITTEL 21

GJENTAGELSER

Har møtt "brødre" og "søstre" i menighetene som møter oss med: "Dette har vi hørt før", som ikke trenger gjentagelser, som om de **tror** de har skjønt det. Kan du ikke bare sette Bibelen tilbake i bokhylla, og begynne å lese spennende romaner istedet.

Bibelen sier vi skal grunne på Guds ord, dag og natt. Det betyr vel at du **aldri** blir ferdig med den.

''Denne lovens bok skal ikke vike fra din munn. Du skal grunne på den dag og natt, så du akter vel på å gjøre etter alt det som står skrevet i den. Da skal du ha lykke på dine veier, og da skal du gå klokt fram.'' (Josva 1:8)

Grunne; hebraisk; betyr også; mumle.
Grunde; se også: Grundet, akte, granske, gruble, **kjenne,** kunnskap, visdom, lese, bygge, **grundig,** grunnfeste, grunnvoll, Guds Ord, **nøye.**

New King James version; but you shall **meditate** in it day and night; du skal **meditere** på den dag og natt.

Meditate; engelsk; meditere, grunne, grunde.

Det er forskjell på det å studere og det å meditere. Studere, tolker man ting opp i hodet. Meditere, får man det åpenbart i hjerte.

Hjerte i Bibelsk språkbruk, (Hebraisk; lev. Gresk; kardia) betegner både hovedorganet for det fysiske liv og menneskets mentale og moralske aktivitet. Bibelen beskriver menneskehjertet som et sete for synden. Det er fordervet, og ut fra hjertet forderves hele mennesket. (Norsk Studiebibel)

"Og Gud, som kjenner hjertene, gav dem vitnesbyrd, idet han gav dem Den Hellige Ånd likesom oss. Han gjorde ingen forskjell på oss og dem, for ved troen renset han også deres hjerter." (Apostlenes Gjerninger 15:8-9)

Derfor er Bibelen den eneste boken det ikke er mulig å lese, uten Den Hellige Ånd.

Argusøyne hjelper ikke, man ser ikke bedre av den grunn. Oppsummering gjør man, for å gå igjennom resultatene.

Argusøyne; uttrykk for **mistenksomme,** altseende, våkne øyne.

Åpner opp for gjentagelse, for de som har glemt hele betydningen av ordet. (Argusøyne)
Oppsummeringen har ikke nødvendigvis noe med tall å gjøre. Hvor mange ganger "dobbelt-sjekker" vi bankkontoene våres, når noe ikke stemmer.

I dag vil vi heller ha noe nytt, evangeliet i ett nytt lys. Vi fyller opp bokhyllene våres med kristne kjente varemerker, eller navn vi kjenner. Vi elsker språket, vi lar oss rotfeste og forføre av deres doktriner, og lar oss ikke rokke, hvis noen våger å kalle det vranglære.
Gjentagelse er ut!

''Jerusalem, Jerusalem! Du som slår i hjel profetene og steiner dem som er sendt til deg! **Hvor ofte jeg ville samle dine barn, som en høne samler kyllingene sine under vingene. Men dere ville ikke.** Se, huset deres skal bli liggende øde! For jeg sier dere: Fra nå av skal dere ikke se meg før dere sier: Velsignet være han som kommer i Herrens navn!'' (Matteus 23:37-39)

Hvor mange ganger må man gjenta seg selv, før man setter foten ned?

Hvis noen konfronterer noen, og sier du tar helt feil, så må vedkomne svare for uttalelsen. Men hvis man svarer, du har helt rett; for en uttalelse! Når du samtykker, trenger du ikke svare for deg.
Blindveier er ikke alltid synlige.

Under barneoppdragelsen er gjentagelser en daglig fore-
teelse. Gjentagelse er når noen gjør det samme om igjen,
stadig vekk, og du er nødt til å gjenta, stadig vekk, fore-
teelsen.

Gjentagelser er et resultat, av Åndelig umodenhet.

''For skjønt dere etter tiden burde være lærere, **trenger
dere igjen at noen lærer dere de første grunnleggende
(Gresk; stoicheion element; retningsregel, grunnre-
gel, barnelærdom) ting i Guds ord.** Dere er blitt slike
som trenger til melk, ikke fast føde. For den som ennå
får melk, er ukyndig i rettferds ord, han er jo et barn.
Men fast føde er for de **voksne** (Gresk; telerós; full-
kommen), for dem som ved bruk har øvd sine sanser opp
til å skille mellom godt og ondt.'' (Hebreerne 5:12-14)

Nå vant dem jaggu meg **igjen,** seier til det kjedsommeli-
ge. Å løfte seierspokalen, smaker best, med skikkelig
motstand.

''Vet dere ikke at de som løper på idrettsbanen, de løper
alle, men bare én får seiersprisen? Løp da slik at dere
kan vinne den! Enhver som deltar i idrettstevling, er av-
holdene i alt - de altså for å vinne en forgjengelig krans,
men vi er uforgjengelig. Så løper jeg da ikke som på det
uvisse, jeg kjemper ikke som en som fekter i løse luften.
**Men jeg undertvinger mitt legeme og holder det i
trelldom, for at jeg som forkynner for andre, ikke
selv skal finnes uverdig.**'' (1 Korinter 9:24-27)

Når man hører om "Nåden", mange nok ganger, og likevel ikke skjønt det, er påminnelse fint.

"For Guds nåde er åpenbaret til frelse for alle mennesker. Den opptukter oss til å fornekte ugudelighet og de verdslige **lyster** (Gresk; epithymia; begjær, lyst), til å leve sedelig og rettferdig og gudsfryktig i den verden som nå er, mens vi venter på det salige håp og åpenbaringen av den store Guds og vår frelser Jesu Kristi herlighet, han som gav seg selv for oss for å løse oss ut fra **all** urettferdighet, og **rense** (Gresk; katharizo; rense, **ren**) for seg selv et eiendomsfolk, som med iver gjør gode gjerninger. Tal dette, og forman og irettesett med all myndighet. **La ingen forakte deg.**" (Titus 2:11-15)

Djevelen som betyr en som splitter...og splitte noe, kreves gjentagelse, siden det trenges taktikk til å **overbevise** noen.
Det er ikke gjort med et pennestrøk, for å score må man "male" motstanderen i senk. Djevelen tar seg tid til det, enda det er akkurat det han har lite av, tid.

"Derfor fryd dere, himler, og dere som bor i dem! Men ve jorden og havet! For djevelen er steget ned til dere i stor vrede, fordi han vet at han bare har en liten tid." (Johannes Åpenbaring 12:12)

"Vær edrue, våk! Deres motstander, djevelen, går omkring som en brølende løve og søker noen han kan oppsluke. Stå han imot, faste i troen! For dere vet jo at deres brødre rundt om i verden må gå **igjennom** (Gresk; epiteleo; fullende, bringe frem til sitt endemål) de samme lidelser.'' (1 Peter 5:8-9)

Løgnens far, som lyver mange nok ganger, kloss opp til "sannheten" i sin samtid, kan ikke sies mange nok ganger. Forvirring er djevelens kunnskap, erkjennelse av at han har tapt vil alltid ligge der.

''Om dom, fordi denne verdens fyrste er dømt.''
(Johannes 16:11)

Dom består i at djevelen etter Jesu død mister retten til å anklage de gjenløste. (Norsk Studiebibel)

Historien gjentar seg, og vi lever ikke lenge **nok,** til å advare. Når far sier: Hva var det jeg sa!, og du innser at du ikke tok advarselen på alvor. De gamle er eldst, stemmer ikke alltid. Det begynte lenge før de eldste var født. En gjentagelse kan la vente på seg, selv om djevelen har dårlig tid. Årstider blir borte, erstattet med en ny, men årstiden kommer alltid tilbake, og klimaendringer er ikke noe nytt.

Historien gjentar seg.
Karl Marx (1818-1883), tysk-jødisk filosof. Historien gjentar seg, første gang som en tragedie, andre gang som farse. Sitat: Karl Marx.

Tredje gang som gjentagelsens, gjentagelse. Sitat: Meg

selv!

Stakkars Karl Marx, som skjøt seg selv i foten.

Menneskene skaper religionene, og ikke omvendt.
Religion er menneskets bevissthet om seg selv så lenge
det ikke har fått fotfeste i universet. Men mennesket er
ikke et abstrakt vesen, på huk utenfor verden. Mennesket
er en verden av mennesker, staten, samfunnet. Denne
stat, dette samfunn, skaper religioner. Og de er en inver-
tert verdensbevissthet, fordi de er i en invertert verden.
(...)
Religiøs lidelse er samtidig et uttrykk for virkelig lidelse
og en protest mot den. **Religionene er den undertryktes
sukk etter trykket fra en hjerteløs verden,** sjelen i
sjeleløse vilkår. **Religion er en illusjon. Den må derfor
avskaffes om mennesket skal oppnå virkelig lykke.**
Sitat: Karl Marx.

Når storbonden, (Les: Kapitalismen og Religionismen)
som undertrykker og kontrollerer sine "dyr." Som lar seg
undertrykke, ikke underordne, helt til den Drektige purka
som våger å dra seg opp av gjørma. Klar for å føde ut det
som har ligget der lenge nok. Motiverer de andre "dyre-
ne", mobiliserer dem til opprør, til jobben er gjort, legger
hun seg behagelig ned i gjørma. Regjerer uten spørsmål,
og blir like **purkete** (Dialekt; familiært; gretten; sur-
pomp; vrang, tverr) som sin forgjenger.

Ateisme er religion.

Alle revolusjoner har hittil bare bevist én ting, nemlig at
mye lar seg forandre, bare ikke menneskene.
Sitat: Karl Marx.

''For så har Gud elsket verden at han gav sin Sønn, den
enbårne, (Gresk; monogenes; enbåren. Ordet innebærer
at foreldrene ikke har andre barn enn den enbårne) for at
hver den som tror på ham, ikke skal fortapes, men ha
evig liv.'' (Johannes 3:16)

Filosofene har nøyd seg med å forklare verden på ulike
måter. Oppgaven er å forandre den.
Sitat: Karl Marx.

'' I ham (Les: Jesus) var liv, og livet var menneskenes
lys. Og lyset skinner i mørket, og mørket tok ikke imot
det.'' (Johannes 1:4-5)

TOK IKKE IMOT: Uttrykket som er oversatt "tok ikke
imot det" (Gresk; av katelaben) kan bety enten å gripe
med tanken eller med makt og vold. (Norsk Studiebibel)

Hvor mange ganger har jeg ikke vært den lyttende part i
en samtale, hvorpå tankene mine setter på seg joggesko,
og løper av gårde, med meg på slep. Og når du endelig
kom deg tilbake, gikk du glipp av moroa. Alt som er sagt
ble borte, og nå er det for sent. Vi som prøver å få med
oss alt, har en vei å gå. Som flere har sagt til meg: Du
tenker for mye! Stadig påminnelse. Men intellektet skal
vi ha?!

''For kjødet begjærer imot Ånden, og Ånden imot kjødet. De to står hverandre imot, for at dere ikke skal gjøre det dere vil. Men hvis dere blir drevet av Ånden, da er dere ikke under loven. **Kjødets** gjerninger er **åpenbare.** Det er slik som utukt, urenhet, skamløshet, avgudsdyrkelse, trolldom, fiendskap, trette, **avindsyke,** sinne, ærgjerrighet, splittelse, partier, misunnelse, mord, drukkenskap, svirelag og annet slikt. Om dette sier jeg dere på forhånd, **som jeg også før har sagt dere:** De som gjør slikt, skal ikke arve Guds rike.'' (Galaterne 5:17-21)

Avind (Misunnelse): Se også: Misunnelig, misunne, misunnelse, avindsmann, kjødet, mord, ordkrig, ondskap, begjær, bitterhet, synd, motstand, forfølgelse. I det Gamle Testamentet fremstilles avind som en av de verste synder, verre endog enn vrede. Det Nye Testamentet regner avind blant "kjødets gjerninger", det er noe som har sin rot i den falne, syndige natur. Avind: Gresk; Zélos; foruten nidkjærhet, betegner dette ordet misunnelse og kan også bety hat. (Norsk Bibelleksikon)

KJØDET; betegner det naturlige menneske i dets syndighet.
Kjødet må da være betegnelsen på tanken, til syvende og sist er det tanken som sladrer, ikke munnen.
Etter tanke kommer handling.

Hor i hjertet.
''Dere har hørt det er sagt: Du skal ikke drive hor! Men jeg sier dere: Hver den som ser på en kvinne for å begjæ-

re henne, har allerede drevet hor med henne **i sitt hjer-te.**'' (Matteus 5:27-28)

Til syvende og sist, får vi stadig vekk noe å tenke på.

KAPITTEL 22

VIA DOLOROSA

Kristus korsfestet.
''Og da jeg kom til dere brødre, kom jeg ikke med mesterskap i tale eller visdom da jeg forkynte dere guds vitnesbyrd.

For jeg **ville** (Gresk; kino; **dømme**) ikke vite av noe blant dere, uten Jesus Kristus, og ham korsfestet. Jeg var hos dere i svakhet, under stor frykt og beven, og min tale og min forkynnelse var ikke med visdoms overtalende ord, men med Ånds og krafts bevis, for at deres tro ikke skulle være grunnet på menneskelig visdom, men på Guds kraft.'' (1 Korinter 2:1-5)

Dolorosa; latin; smertens vei, Jesu vei til Golgata. Via; latin; vei, gate; som preposisjon: over, (veien) om; også gjennom. (Kunnskapsforlaget)

Ekteskapet via Dolorosa.
Det kom en dag en kvinne opp til en pastor etter et møte og forteller om den gang hun møtte en mann. Hun sier:

Et møte med en mann, som var den "rette", (han hadde tydeligvis de kriteriene, som en kristen kvinne ser etter).

Forholdet ble nært, han fulgte henne på møter, stod parat når det trengtes, tilsynelatende en gudsfryktig mann.

Dagen han fridde, var svaret enkelt. Men dagen da bruden kom i hus, manifisterte brudgommen seg, sofaen ble et tilholdssted, med pils flasker på bordet. Ingen følgesvenn til menigheten, han ble fraværende i det meste.

Det som skulle være to som ble et kjød, ble hun som om hun var alene.

Ingenting hjalp, krangling og sløsing med energi. Dette ifølge kvinnen, pågikk i rundt fem år.

Så en dag når fortvilelsen var størst, eller verst, sa hun til Jesus: Nå gir jeg opp, og gir mannen min til deg, jeg kan tydeligvis ikke gjøre noe mer.

Og gi opp, uten og kapitulere, kan faktisk lønne seg, særlig hvis vi har Jesus på laget. Kort tid etter, fikk mannen hennes (han var fortsatt det) et kraftig møte med Jesus. Hennes utholdende tro gav avkastning, og når to blir ett igjen, kunne de begynne på nytt. Og dette vitnesbyrdet deler hun med sin pastor, og det etter og ha vært gift i 55 år.

"Du skal bare vite hva jeg har vært igjennom!"
Via hva da!?
Røde løpere er bare for de rike og berømte!
Sarkastisk, har også noe med smerte å gjøre.

Golgata er for alle.

Kongen på et kors.

"Pilatus tok da igjen til orde og sa til dem: Hva vil dere da jeg skal gjøre med ham dere kaller jødenes konge? De ropte igjen: Korsfest ham! Pilatus sa til dem: Hva ondt har denne mannen da gjort? Men de ropte enda høyere: Korsfest ham! Da Pilatus gjerne ville gjøre folket til lags, gav han dem Barabbas fri. Men Jesus lot han hudstryke og overgav ham til å **korsfestes.** Soldatene førte ham da bort, inn i gården-det er borgen-og kalte sammen hele vaktstyrken. Og de kledde ham i en purpurkappe, og de flettet en tornekrone som de satte på ham. Så begynte de å hilse ham: Vær hilset, du jødenes konge! De slo ham i hodet med en rørstav og spyttet på ham, og de bøyde kne og hyllet ham. Da de slik hadde spottet ham, tok de av ham purpurkappen og kledde ham i hans egne klær. Så førte de ham ut for å korsfeste ham. En mann kom forbi på vei inn fra landet, Simon fra Kyréne, far til Aleksander og Rufus. Han tvang de til å bære han kors. Og de førte ham til stedet Golgata, som betyr Hodeskalle stedet." (Markus 15:12-22)

Hippokrates. Legevitenskapens far.

Hippokrates, ca 460-ca 377 f. Kr, gresk lege, oldtidens mest berømte. Ansees som grunnlegger av medisinsk forskning, idet han frigjorde medisinen fra religion og filosofi og dannet **sine meninger** ut fra rent naturvitenskap studier. Hevdet blant annet naturens selv legende evner; legens viktigste oppgaver er å understøtte naturen. (Kunnskapsforlaget)

Den Hippokratiske ed, også kjent som legeløfte; en ed som tradisjonelt er blitt avlagt av nyutdannede leger. Legevitenskapens far, oppkalt etter oss selv, oppkalt **etter** syndefallet. Når gjøken galer, kan vi ønske oss noe. Vi gir alt navn.

Alt som kommer til min viten under utøvingen av mitt yrke eller i daglig samkvem med mennesker, som ikke burde bli kjent for andre, vil jeg holde hemmelig og aldri avsløre. (Sitat fra den Hippokratiske ed)

De har gitt oss et løfte.
Taushetsløfte har de holdt, løgn kan også være hemmeligstemplet. Sier du noe, skjærer vi i deg.
Fremgangsmetoder kan gjøre vondt. Lidelse er utvikling via Dolorosa, amputeringer gjør man mange nok ganger, før armen får lov til å henge der. Greske skulpturer ser ganske så amputerte ut, slik som filosofien også faller fra hverandre, over tid. Ingen konger blir stående.

''Ut av hans (Les Jesus) munn går det et skarpt sverd, for at han med det skal slå hedningefolkene. Og han skal styre dem med jernstav. Han tråkker vinpressen med Guds Den Allmektige strenges vredes vin. På sin kledning og på sin hofte har han et navn skrevet: Kongers konge og herrers herre.''
(Johannes Åpenbaring 19:15-16)

Når smerten går via Dolorosa, blir man helbredet.
''Og det var en kvinne som hadde hatt blødninger i tolv

år. **Hun hadde brukt til leger alt det hun skulle leve av, men kunne ikke bli helbredet av noen.** Hun kom nå bakfra og rørte ved minnedusken på kappen hans. Og straks stanset blødningen. Og Jesus sa: Hvem var det som rørte ved meg? Men da alle nektet, sa Peter og de som var med ham: Mester! Folkemengden trykker og trenger deg jo! Men Jesus sa: Noen rørte ved meg, for jeg kjente at en kraft gikk ut fra meg. Da nå kvinnen så at det ikke var skjult, kom hun skjelvende fram. Hun falt ned for ham, og mens alle hørte på, fortalte hun hvorfor hun hadde rørt ved ham, og hvordan hun straks var blitt helbredet. Han sa til henne: Datter, din tro har frelst deg. Gå bort i fred!'' (Lukas 8:43-48)

Hvis du tror smerte ikke har noe med frelsen å gjøre, må du tro om igjen.

''**Han sa til alle:** Om noen vil komme etter meg, da må han fornekte seg selv og **hver dag** ta sitt kors opp og følge meg.'' (Lukas 9:23)

Hvis smerten går via seg selv, til alle andre, kan du jo be.

''Jabes fikk mer ære enn sine brødre, og hans mor kalte ham Jabes og sa: Fordi jeg fødte han i smerte.
Jabes påkalte Israels Gud og sa: Å, om du ville velsigne meg og utvide grensene mine! Må din hånd være med meg, **og må du holde meg borte fra ondt, så jeg ikke blir årsak til smerte!** Så gav Gud ham det han ba om.''
(1 Krønikebok 4:9-10)

En broder underviste om ekteskapet, sa det veldig enkelt:
Å være gift, er smerte. Han sa også at man burde gifte
seg, siden det ikke er godt for mannen å være alene..
Tvungen lønnsnemnd kaller jeg det!

"Så sa Gud Herren: Det er ikke godt for menneske å
være alene. Jeg vil gjøre han en medhjelp som er hans
like." (1 Mosebok 2:18)

"Det er ikke godt for **Adam** å være alene. En hjelper
som svarer til ham, vil jeg gjøre for ham." (Bibelforla-
gets oversettelse, Bibelen Guds ord)

Hippokrates, plantet landemerker rundt omkring. Intel-
lektets erkjennelse. Kunnskap er makt, som vi tok.
Helbredelse er noe vi får.

Tornen i kjødet og Kristi kraft.
"Og for at jeg ikke skal opphøye meg av de overmåte
store åpenbaringer, har jeg fått en torn i kjødet, en Satans
engel som skal slå meg, for at jeg ikke skal opphøye
meg." (2 Korinter 12:7)

Paulus og legevitenskapen.
Torn i kjødet= smerte.
Han **fikk** en torn i kjødet, dermed heller ingen helbredel-
se.

Om denne bad jeg Herren tre ganger at den måtte vike
fra meg. Men han sa til meg: Min nåde er nok for deg,

for min kraft fullendes i skrøpelighet for at Kristi kraft kan bo i meg. Derfor er jeg vel tilfreds i skrøpelighet, under mishandling, i nød, i forfølgelser og trengsler for Kristi skyld. For når jeg er skrøpelig, da er jeg sterk!'' (2 Korinter 12:8-10)

Da er det godt å ha en lege til venn.

''Lukas, den kjære legen, hilser dere.'' (Kolosserne 4:14)

Lukas evangelium: Lukas: Forfatter og lege.
Likesom i de øvrige evangelier navngir ikke forfatteren seg selv, men en enstemmig oldkirkelig tradisjon bevitner at evangeliet; katá loúkan (etter Lukas) er skrevet av legen Lukas, apostelen Paulus venn og mangeårig medarbeider. (Norsk studiebibel)

''Da fariseerne så det, sa de til hans disipler: Hvorfor eter deres mester sammen med tollere og syndere? Men da Jesus hørte det, sa han: Det er ikke de friske som trenger lege, men de som har ondt. Gå bort og lær hva dette betyr: Barmhjertighet er det jeg vil ha, ikke offer! Jeg er ikke kommet for å kalle rettferdige, men for å kalle syndere.'' (Matteus 9:11-13)

Kunnskap er hovmod, hovmod er stolthet, og stoltheten står Gud imot.

''Men desto større er nåden han gir. Derfor sier skriften:

Gud står de stolte imot, men de ydmyke gir han nåde.''
(Jakobs brev 4:6)

Paulus en fariseer.
''Jeg er jøde, født i Tarsus Kilikia, men oppfostret i denne byen. Ved Gamaliels føtter ble jeg **opplært** (gresk; poideuo; oppdra, tukte) etter de strenge krav i den lov som vi har fra fedrene. Og jeg var nidkjær for Gud, som dere alle er i dag. Denne veien forfulgte jeg til døden, og jeg bandt og kastet i fengsel både menn og kvinner. Det kan både ypperstepresten og hele eldsterådet bevitne. Av dem fikk jeg også brev med til brødrene i Damaskus, og jeg reiste dit for å føre dem som var der, i lenker til Jerusalem, for at de skulle bli straffet. Men da jeg var på veien og nærmet meg Damaskus, da strålte plutselig ved middagstider et sterkt lys fra himmelen om meg. Og jeg falt til jorden og hørte en røst som sa til meg: Saul, Saul hvorfor forfølger du meg? Jeg svarte: Hvem er du, Herre? Og han sa til meg: Jeg er Jesus fra Nasaret, han som du forfølger. De som var med meg, så lyset, men røsten av ham som talte til meg, hørte de ikke. Jeg sa da: Hva skal jeg gjøre, Herre? Og Herren sa til meg: Reis deg opp og gå inn i Damaskus! Der skal det bli talt til deg om alt det du er bestemt til å gjøre. På grunn av **glansen** (Gresk; doxa; herlighet) av dette lyset kunne jeg ikke se. De som var med meg leide meg da ved hånden, og jeg kom inn til Damaskus.''
(Apostlenes Gjerninger 22:3-11)

En lovreligiøs mann som fikk øynene sine åpnet, og det

hele startet med at han ble blind, via Dolorosa.

"Og Jesus sa: Til dom er jeg kommet til denne verden, for at de som ikke ser, skal se, og de som ser, **skal** bli blinde." (Johannes 9:39)

Din egen kunnskap må dø, smertefullt nok, det er ingen som dør mer enn den stolte. Eneste som skal til, for å få synet tilbake.

"Og en mann ved navn Ananias, en gudfryktig mann etter loven, som hadde godt vitnesbyrd av alle jødene som bodde der, kom til meg, stilte seg foran meg og sa: Saul, bror, se opp! Og i samme stund fikk jeg synet igjen og så opp på ham. Han sa til meg: Våre fedres Gud har utvalgt deg til å kjenne hans vilje, og til å se den rettferdige og høre røsten av hans munn. For du skal være hans vitne for alle mennesker om det du har sett og hørt. Og nå, **hva venter du på?** Stå opp og la deg døpe og få dine synder vasket bort, idet du påkaller hans navn!" (Apostlenes Gjerninger 22:13-16)

Ramaskrik, via Dolorosa.
Man må ikke ta det for gitt, at man skal finne nåla, selv om man brenner høystakken.

"Da Herodes så at han var blitt narret av vismennene, ble han meget vred. Han sendte folk og lot drepe alle guttebarn i Betlehem og alle bygdene i omegnene, de som var to år eller yngre, i samsvar med det han hadde fått vite av vismennene om tiden. Da ble det oppfylt som er talt ved profeten Jeremia, som sier: En røst ble hørt i Rama, gråt og stor klage. Rakel gråt over sine barn og ville ikke la seg **trøste** (Gresk; parakaleo; formane, oppmuntre) for de er ikke mer.'' (Matteus 2:16-18) (Ramaskrik; høylydt klage, opprørt protest)

Å være forfulgt fra siden Jesus ble født, å be for de som forfulgte ham, var lett, siden han "er ordet."

''Men jeg sier dere: Elsk deres fiender, velsign dem som forbanner dere, gjør vel imot dem som hater dere, og be for dem som forfølger dere, for at dere kan bli barn av deres Far i himmelen. For han lar sin sol gå opp over onde og gode, og lar det regne over rettferdige og urettferdige.'' (Matteus 5:44-45)

Bergprekenen, via Dolorosa.
Et pusterom, tre kapitler, men likevel flere bøker. I et levd liv, som ble mislykket, å falle ned er høyt. Å ta skoen der den trykker, å elske din fiende, og løp ikke vekk, men be for de som forfølger deg, velsign de som forbanner deg, en dag kan du komme til nytte. Gjør vel imot dem som hater dere, og venner får du aldri nok av.

Bergprekenen, et pusterom fra teologi, friheten fra snartenkte, som sier: Dette var for jødene og ikke oss; og jeg som gleder meg, vær gang jeg kan sette meg ned, oppi berget, høre Jesu stemme, som hvisker, så alle kan høre. Fast føde og ikke melkemat, høre om noe, som **ikke** klør i øret. Omfavnelse av sannhet, Gud, hjelpe meg, hva vi mennesker kan få oss til å si. Gudsfrykt og nidkjærhet, hører sammen. Han som hadde autoritet, ikke som oss og de skriftlærde.

"For han lærte dem som en som hadde myndighet, og ikke som deres skriftlærde." (Matteus 7:29)

Det er faktisk slik, at Apostelen Paulus, forstår Jesus. Mens vi kristne prøver å forstå Paulus. Hvorfor ikke bare trille pallen med varer, rett inn. Men hva gjør vi? Prøver å sortere varene i rekkefølge. Hva med å prøve å forstå Jesus isteden.

"Og han løftet sine øyne, så på sine disipler og sa: Salig er dere fattige, for Guds rike er deres. Salige er dere som nå hungrer, for dere skal bli mettet. Salige er dere som nå gråter, for dere skal le. Salige er dere når menneskene hater dere, og når de støter dere ut, spotter dere og kaster deres navn fra seg som noe ondt for Menneskesønnens skyld. Gled dere på den dagen og spring av fryd! For se, stor er den lønn dere har i himmelen. For på samme vis gjorde deres fedre med profetene. Men ve dere som er rike, for dere har alt fått deres trøst. Ve dere som nå er mette, for at dere skal hungre! Ve dere som nå ler, for dere skal sørge og gråte! Ve dere når alle taler vel om dere, for det gjorde også deres fedre med de falske profeter." (Lukas 6:20-26)

Smerte når du minst venter det!

Når noe lekker fra taket, er det som regel et varsko. Når vi sitter inne, i vårt eget og sier: Teltlivet er ikke noe for meg. Så har du ikke kjent den smertelige ubehaget av å være, konstant våt.

Jesu korsfestelse startet med bedrøvelse og avsluttet med fysisk smerte. Jeg så for meg en dag, mens jeg gikk en tur, Jesus som bedrøvet sammen med ypperstepresten og de skriftlærde. Anklage ham, som måtte "stå skolerett" foran de falske anklagerne, løgnerne og de feige, de som trodde de gjorde Gud en tjeneste, uten samvittighet. Bedrøvelse er smerte.

Jesus for det høye råd.
''Men yppersteprestene og hele rådet søkte falskt vitnesbyrd mot Jesus, slik at de kunne få dømt ham til døden. Men de fant ikke noe, enda mange **falske vitner** kom fram. Men til sist kom to fram og sa: Denne mannen har sagt: Jeg kan bryte ned Guds tempel og bygge det opp igjen på tre dager! Da stod ypperstepresten opp og sa til ham: Svarer du ingenting? Hva er det disse vitner imot deg? Men Jesus tidde. Og ypperstepresten sa til ham: Jeg tar deg i ed ved den levende Gud at du skal si oss om du er Messias, Guds Sønn! Jesus sier til ham: Du har sagt det! Men jeg sier dere: Fra nå av skal dere se menneskesønnen sitte ved kraftens høyre hånd og komme på himmelens skyer. Da sønderrev ypperstepresten sine klær og sa: Han har spottet Gud! Hva skal vi nå med vitner? Se, nå har dere hørt gudsbespottelsen.''
(Matteus 26:59-65)

Bedrøve;
gresk; perilypos; sorgfull, sammensatt av poep; pen; om-
kring, rundt omkring på alle sider, og; lype; sorg, lidelse,
smerte.

''Da sier han til dem: Min sjel er **bedrøvet** inntil døden!
Bli her og våk med meg.'' (Matteus 26:38)

På veien til Emmaus.
''Og det skjedde, mens de samtalte og drøftet dette, kom
Jesus selv nær til dem og slo følge med dem. Men deres
øyne ble holdt igjen, så de **ikke kjente** (Gresk; epigi-
nosko; kjenne, erkjenne, kunnskap) ham. Han sa til dem:
Hva er det dere går og samtaler om på veien? De stod da
stille og så **bedrøvet** opp. Den ene av dem, som hette
Kleopas, sa til ham: Er du den eneste av dem som opp-
holder seg i Jerusalem, som ikke vet hva som er skjedd
der i disse dagene? Han sa da til dem: Hva da? De sa til
ham: De med Jesus fra Nasaret, en mann som var en
profet, mektig i gjerning og ord for Gud og hele folket-
og hvordan våre yppersteprester og rådsherrer overgav
ham til dødsdom og korsfestet ham. Men vi håpet at han
var den som skulle forløse Israel. Og nå er det alt tredje
dagen siden disse ting skjedde. Men så har også noen av
våre kvinner forferdet oss. Tidlig i dag morges var de ute
ved graven, men de fant ikke hans legeme. Så kom de og
fortalte at de hadde sett et syn av engler som sa at han
lever. Noen av dem som var med oss, gikk da til graven.
De fant det slik som kvinnene hadde sagt. Men ham så
de ikke. Da sa han til dem: **Så uforstandige dere er, og**

så trege i hjerte til å tro alt det som profetene har talt! Måtte (Gresk; dei; det er nødvendig) ikke Messias lide dette og så gå inn til sin herlighet? Og han begynte fra Moses og fra alle profetene og utla for dem i alle skriftene det som er skrevet om ham.'' (Lukas 24:15-27)

Saktmodighet, kjernen i Åndens frukt.

Saktmodighet via Dolorosa.

Saktmodighet; gresk; praus; uttrykker måten den ydmyke stiller seg til besværlighetene i en ond verden. For den saktmodige er det typisk at han ikke kjemper med samme våpen eller svarer på samme måte, men overlater sin sak til Herren **og venter på hans hjelp.**

Saktmodighetens opphavsmann.

''For hvilken ros fortjener der vel om dere finner dere i straff når dere har syndet? Men om dere tåler lidelse når dere har gjort godt, da finner det **nåde** hos Gud. For til dette ble dere kalt, fordi også Kristus led for dere, og etterlot dere et eksempel, for at dere skal følge i hans fotspor, han som ikke gjorde synd, og det ble **ikke** funnet **svik** i hans munn, han som ikke skjelte igjen når han ble utskjeldt og ikke truet når han led, men overlot det til ham som dømmer rettferdig, han som bar våre synder på sitt legeme opp på treet, for at vi skal dø bort fra syndene og leve for rettferdigheten. Ved hans sår er dere blitt legt.'' (1 Peter 2:20-24)

Svik; gresk; dolos; list, bedrageri; fra: Delos; lokkemat.

En som f.eks lokker deg, til å **tro** på sine løgner.

Saktmodighet er smertefullt, siden vi må vente, vente på å bli rettferdiggjort. Hva har vi da igjen, hevngjerrighet? Ønske om å dø, kan det ikke være, siden det er et løfte om evig liv. Så innser at jeg, må ta opp mitt kors, hver dag, faktisk er noe, jeg må leve med.

KAPITTEL 23

HELSE, MILJØ OG SIKKERHET

Når stillaset vi jobbet på, brøt sammen, kollapset, og jeg kom til meg selv, under stillaset, ville det vært hovmod å si; Jesus er min H.M.S. Etter fem ukers sykemelding, laget sjefen en rettningsregel, med flere punkter, og det siste punktet lød sånn: Det er lov å tenke selv! Kunne like gjerne skrevet: Hvor dum går det ann å bli!
Selv om troen ikke var tilstede er det fortsatt ikke tilfeldigheter, og skjebnen gjør ikke som den vil. Takket Jesus, gjorde jeg senere.

Jesu yppersteprestelige bønn.
''Dette talte Jesus, og han løftet sine øyne mot himmelen og sa: Far, timen er kommet. Herliggjør din Sønn for at din Sønn kan herliggjøre deg, likesom du du har gitt ham makt over alt kjød, for at han skal gi evig liv til alle dem som du har gitt ham. Og dette er det **evige liv,** at de kjenner deg, den eneste sanne Gud, og ham du utsendte, Jesus Kristus. Jeg har herliggjort deg på jorden idet jeg

har fullført den gjerning som du har gitt meg å gjøre. Og nå, herliggjør du meg, Far, hos deg selv med den herlighet jeg hadde hos deg før verden ble til.''
(Johannes 17:1-5)

Tre vers, som kunne blitt et kort kapittel.

''Men **tro** (Gresk; pistis; tro, tillit, troskap, trofasthet, overbevisning) er full **visshet** om det en håper, overbevisning om ting en ikke ser. For på grunn av den fikk de gamle godt vitnesbyrd. Ved tro skjønner vi at verden er skapt ved Guds ord, så det en kan se, ikke er blitt til av det synlige.'' (Hebreerne 11:1-3)

Visshet; gresk; hypostasis basis; substans, vesen, tillit. Ordet kan betegne grunnlaget for noe, en økonomisk basis, kilde, substans, livets begynnelse. I Nye Testamentet betegner hypostasis stødighet, fasthet og derav forsikring, tillit. (Norsk Studiebibel)

Gått ut på dato.
Se for deg tiden stopper opp, i din elendighet, evig elendighet uten lys i tunnelen. Noe som aldri tar slutt. Evig, et ord som er milevis fra milliarder av år, tilnærmet, men dog. Evig, et språk vi bruker, et forsvar for vår utålmodighet. Evig fravær av noe, er vel heller noe vi kan nevne, i forbifarten, før vi trer ut av tidssonen, for alltid. Det er ikke slutt før det er slutt, det er ikke klart, før det er klart. En brilliant måte å svare på, når man ikke har noe svar. Livet har sine motsetninger, dagen har sin natt.

Surt og søtt, i samme godteripose, klemmer erstattet med slag og spark, bare vi ble fulle nok. Livets dagbøker, opp og ned og like langt. Et levd liv, blir bare patetisk, og tenke seg om, kan forandre mening. Hva velger du, evig dag eller evig natt med bare natt. Tenker du søvnløse dager eller evig søvn, er du på villspor.

Kjærligheten; den største gaven.
''Kjærligheten er tålmodig, er velvillig. Kjærligheten misunner ikke. Kjærligheten skryter ikke, den blåser seg ikke opp. Den gjør ikke noe usømmelig, søker ikke sitt eget, blir ikke bitter, gjemmer ikke på det onde. Den gleder seg ikke over urett, men gleder seg ved sannhet. Den utholder alt, tror alt, håper alt, tåler alt. Kjærligheten faller aldri bort. Men om det er profetiske gaver, da skal de få ende, eller er det tunger, skal de opphøre, eller er det **kunnskap** (Gresk; gnosis; kjenne, erkjenne, vite) **skal den ta slutt.**'' (1 Korinter 13:4-8)

En enda bedre vei (1 Korinter 12:31): Viktigere enn alle Åndens gaver er Åndens frukt, kjærligheten. Nådegavene er **utrustning** som gis til kristen tjeneste. Åndens frukt er Kristi sinn og vesen virkeliggjort i den troendes karakter og liv, ved at Kristus selv vinner skikkelse i sine. (Norsk Studiebibel)

''Men Åndens frukt er kjærlighet, glede, fred, langmodighet, mildhet, godhet, trofasthet, saktmodighet, avholdenhet.'' (Galaterne 5:22)

Så når din evige elendighet er sammen med: Utukt; skamløshet; avgudsdyrkelse; fiendskap; trette; sinne; ærgjerrighet; splittelse; partier; misunnelse; mord og drukkenskap. (Galaterne 5:19-21) Er evig søvn, for **ingenting** og regne.

"Alt har Gud gjort skjønt i sin tid. Også evigheten har han lagt i deres hjerte, men likevel kan mennesket ikke forstå det verk Gud gjør, **fra begynnelsen til enden.**" (Forkynneren 3:11)

Å se inn i en stor folkemengde, tenker jeg, hvorfor er jeg så viktig. Viktig, fordi jeg er et ego? Eller, er det fordi det er meg, jeg skal leve med for evig? Eller, det kanskje er begge deler? Underbevistheten min, vil gjerne være i ett med noen.

"Jeg er det sanne vintre, og min Far er vingårdsmannen. Hver gren på meg som ikke bærer frukt, tar han bort. Og hver den som bærer frukt, renser han, for at den skal bære mere frukt. Dere er alt rene på grunn av det ord som jeg har talt til dere. Bli i meg, så blir jeg i dere. Likesom grenen ikke kan bære frukt av seg selv, men bare når den blir i vintreet, slik kan heller ikke dere bære frukt uten at dere blir i meg. Jeg er vintreet, dere er grenene. Den som blir i meg, og jeg i ham, han bærer mye frukt. For uten meg kan dere intet gjøre. Om noen ikke blir i meg, da kastes han ut som en gren og visner, og de samler dem sammen og kaster dem på ilden, og de brenner. Dersom dere blir i meg, og mine ord blir i dere, da be om hva

dere vil, og dere skal få det. I dette er min Far herliggjort
at dere bærer mye frukt, og dere skal bli mine disipler.''
(Johannes 15:1-8)

Når motsetningene har gått ut på dato, og helse, miljø og
sikkerhet ikke lenger er gjeldene. Det er de som skjærer
tenner i søvne, intellektet har argumenter for alt.

''Og de skal kaste dem i ildovnen. Der skal de gråte og
skjære tenner. Da skal de rettferdige skinne som solen i
sin Fars rike. Den som har ører, han høre!''
(Matteus 13:42-43)

Å være rettferdig, er sikkerhet for tro. Og tro er full tillit.

''Da han gikk inn i Kaupernaum, kom en høvedsmann
til, bad ham og sa: Herre, min tjener ligger verkbrudden
hjemme og har store smerter. Jesus sier til ham: Jeg skal
komme og helbrede ham. Men høvedsmannen svarte og
sa: Herre, jeg er ikke verdig til at du går inn under mitt
tak. Men si bare et ord, så blir gutten frisk. For jeg er
selv en mann som står under overordnede, og jeg har
soldater under meg. Sier jeg til en av dem: Gå! Så går
han, og til en annen: Kom! Så kommer han, og til min
tjener: Gjør dette! Så gjør han det. Da Jesus hørte dette,
undret han seg og sa til dem som fulgte ham: Sannelig
sier jeg dere: Ikke hos noen i Israel har jeg funnet så stor
tro! Men det sier jeg dere: Mange skal komme fra øst og
vest og sitte til bords med Abraham, Isak og Jakob i him-
lenes rike, men rikets barn skal kastes ut i mørket

utenfor. Der skal de gråte og skjære tenner. Og Jesus sa til høvedsmannen: Gå hjem, det skal skje deg som du har trodd! Og tjeneren ble helbredet i samme stund.''
(Matteus 8:5-13)

Co2

Ny himmel og ny jord; hva med O2? Epleskrotten som forringes, før den er fortært. Et ansikte, som sier; å så gammel du har blitt. I oksygenlandskapet eldes alt. Forsuring er en ting, nedbrytning en annen. Hva skogen puster inn, puster vi i dét den puster ut, skogen har likesom skjønt det. Skapt etter hvert sitt slag, forenelig, uten å krangle om Co2'et.
Vi gjør alt til intet.

''For jeg vet at i meg, det er mitt kjød, bor **intet** godt. For viljen har jeg, men å gjøre det gode, makter jeg ikke.'' (Romerne 7:18)

Istedenfor i å være i ett med alt.

Jesus ber for alle troende.
''Jeg ber ikke bare for disse, men også for dem som ved deres ord kommer til tro på meg, at de alle må være ett, likesom du, Far, i meg, og jeg i deg-at også de må være ett i oss, for at verden skal tro at du har utsendt meg. Og den herlighet som du har gitt meg, har jeg gitt dem, for at de skal være ett, likesom vi er ett, jeg i dem og du i meg, for at de skal være fullkommet til ett, for at verden kan kjenne at du har utsendt meg og elsket dem, likesom du

har elsket meg. Far, jeg vil at de som du har gitt meg, skal være hos meg der jeg er, for at de skal se min herlighet, som du har gitt meg, fordi du elsket meg før verdens grunnvoll ble lagt. Rettferdige Far! Verden har ikke **kjent** (Gresk; ginosko; kjenne, vite, forstå) deg. Og disse har **erkjent** (Gresk; ginosko; kjenne, vite, forstå) at du har utsendt meg. Og jeg har kunngjort ditt navn for dem, og skal fortsatt kunngjøre det, for at den **kjærlighet** som du elsket meg med, skal være i dem, og jeg i dem.'' (Johannes 17:20-26)

Vi har en syndig fred i verden i dag, ikke den freden Gud gir, men den freden verden har. Fredsavtaler, så vi kan fortsette å synde, det er først når synden er moden, det blir krig, spørsmålet er bare hvem som løfter sverdet først.

''Men enhver som blir fristet, dras og lokkes av sin egen lyst. Når så lysten har unnfanget, føder den synd. Men når synden er **fullmoden** (Gresk; teleioo; fullende, bringe fram til sitt endemål) føder den død.''
(Jakob 1:14-15)

Og det er først da man er moden, for omvendelse. Det er dette som er **nåden,** at man får muligheten til å omvende seg, før man dør. Angre når det er for sent, betyr ganske enkelt, å skifte retning i tide.

''Da vi altså får et rike som ikke kan rystes, så la oss være takknemlige og derved tjene Gud til hans behag, med blygsel og ærefrykt. For vår Gud er en fortærende ild.'' (Hebreerne 12:28-29)

Det er først når du **føler** deg trygg, faren for at du faller ned, er stor. Fallhøyde er avstanden mellom ditt ståsted og der gravitasjonen er sterkest. Selvsikkerhet er en formel, som deles opp, i brøkdelen av et sekund. Stol på følelsene dine, med dødelig utfall!

''Min sønn! Dersom du tar imot mine ord og gjemmer mine bud hos deg, så du vender ditt øre til visdommen og bøyer ditt hjerte til klokskapen, ja, dersom du roper etter innsikt og løfter din røst for å kalle på forstanden, dersom du leter etter den som etter sølv og graver etter den som etter skjulte skatter, da skal du forstå Herrens frykt og finne **kunnskap** (Hebraisk; da´at; erkjennelse) om Gud. For Herren er den som gir visdom, fra hans munn kommer kunnskap og forstand. Han gjemmer frelse for de oppriktige, et skjold for dem som lever ustraffelig. Han vokter rettens stier og bevarer sine frommes vei. Da skal du forstå rettferdighet og rett og rettvishet, ja enhver god vei.'' (Ordspråkene 2:1-9)

Kanskje man må falle ned, for i det hele tatt å bli stående. En reverserende visdom.

''Ta derfor Guds fulle rustning på, så dere kan gjøre motstand på den onde dag og bli stående **etter å ha overvunnet alt.**'' (Efeserne 6:13)

Jeg ligger nede, men jeg har ikke falt, for da blir det tungt, å reise seg igjen.

"Kom til meg, **alle** som strever og har tungt å bære, og jeg vil gi dere hvile! Ta mitt åk på dere og lær av meg, for jeg er saktmodig og ydmyk av hjertet. Så skal dere finne hvile for deres sjeler. For mitt åk er gagnlig, og min byrde er lett." (Matteus 11:28-30)

Overmodighet er han som sparker Goliat i leggen, uten å være kalt av Gud. Hvem vet, det kunne vært meg.

"Og Gud gjorde helt uvanlige **kraftgjerninger** (Gresk; dynamis; kraft, også dynamitt) ved Paulus hender, så at folk til og med tok svetteduker eller arbeidsforklær som han hadde hatt på seg, og bar til de syke. Og sykdommene forlot dem, og de onde ånder fór ut av dem. Men også noen av de jødiske åndemanere som fór omkring, prøvde å nevne Herren Jesu navn over dem som var besatt av onde ånder. De sa: Jeg maner dere ved den Jesus som Paulus forkynner! Det var syv sønner av Skevas, en Jødisk yppersteprest, som gjorde dette. Men den onde ånd svarte dem: Jesus **kjenner** (Gresk; ginosko; kjenne, vite, forstå) jeg, og Paulus vet jeg om, men dere, hvem er dere? Og mannen som den onde ånden var i, fór løs på dem og vant på dem alle og overmannet dem, så de måtte flykte nakne og såret ut av huset."
(Apostlenes Gjerninger 19:11-16)

Treet til kunnskap.

Blir som å si: Toget **til** Oslo; setter du deg på den, ender du opp i Oslo. Uten unntak, når du injiserer kroppen din, blir du påvirket. Når språket sier **til** noe, så er det **fra** noe. Og når du er til noe, vil du erindre, hvor du var fra, selv når det er for sent. Kroppen fornekter seg ikke, særlig når intellektet er koblet til den. Når du står naken på perrongen, endestasjonen som endret tanke virksomheten, virus er det nærmeste jeg kommer. Når alle lider av samme sykdom, blir diagnosen; alle er friske. Å si noe annet, vil være galskap.

Alle mennesker står skyldig for Gud.

''Hva da? Har vi noe fortrinn? Nei, slett ikke! Vi har jo allerede anklaget både jøder og grekere for at de **alle** er under synd, som det står skrevet: Det er ikke en rettferdig, ikke en eneste.'' (Romerne 3:9-10)

Helse miljø og sikkerhet hopper ikke ut av vinduet, ei heller lar den være å feie opp etter seg.

''Jesus svarte dem: Sannelig, sannelig sier jeg dere: Hver den som gjør synd, er syndens trell. Men **trellen** (Gresk; doulos; betegner i første rekke en trell i motsetning til en fri mann) blir ikke i huset til evig tid. Sønnen blir der til evig tid. Får da sønnen frigjort dere, da blir dere **virkelig fri.**'' (Johannes 8:34-36)

Å spise frukten av treet **til** kunnskap om godt og ondt aktiverte menneskehetens evne til visdom og moralsk dømmekraft. Å spise fra det representerte et menneskelig forståelse for **autonomi** og visdom som var Gud´s alene. Menneskene tilsidesatte Guds åpenbaringer som middel til moralsk dømmekraft, lener seg heller til sin uavhengighet, i stedet for å underordne seg Guds vilje. Å velge menneskelig visdom foran Guds instruksjon bringer død og ødeleggelse. (NLT studiebibel. New living translation, oversatt til Norsk.)

Autonom; selvstendig; selvstyrt. Autonomi; politisk selvstendighet i form av indre selvstyre; uavhengighet av impulser (tvang) utenfra.

Å falle ned, krever som regel gjenopprettelse, å lære å gå på nytt. Å gå, midt i veien, midt i lyset.

"Fatt da et annet sinn og **omvend** (Gresk; epistrefo; vende om) dere, så deres synder kan bli utslettet, for at husvalelsens tider kan komme fra Herrens åsyn, og han kan sende den Messias som forut er utkåret for dere, Jesus, ham som himmelen skal huse inntil de tider da alt det blir **gjenopprettet** (Gresk; apokatallasso; forlikelse, forsoning) som Gud har talt om ved sine hellige profeters munn fra de eldgamle dager."
(Apostlenes Gjerninger 3:19-21)

En bulk er lett synlig. Så hvem har skylden for …bulken.

"Det var til dere Gud først sendte sin tjener, da han oppreiste ham for å velsigne dere når hver av dere

omvender (Gresk; apostrefo; vende seg fra, vende om) seg **fra** sine onde gjerninger.''
(Apostlenes Gjerninger 3:26)

Hovmod står for fall, og ydmyk blir du, når du treffer motstand. I gjenopprettelsens lys, ser vi skadeomfanget. På befaring over sitt legeme, blir konklusjonen: Jeg, meg og mitt. Syndens **treenighet.** Svartmaler vi sannheten, tror vi slik vi skal tro? Er sikkerhet, når jeg stoler på meg selv? Har jeg helse, når jeg ligger for døden? Er miljø, når jeg lar asbesten være i fred, og når jeg velger å slutte og puste? Grip dagen (carpe diem), når jeg faller, blir komisk, særlig når du famler i løse luften. Helse, miljø og sikkerhet er visshet over noe jeg ikke ser. Og desperat er jeg, når det ikke er noe å gripe tak i.

''Og lyset skinner i mørket, og mørket tok **ikke imot** (Gresk; katalambano; gripe, gripe med tanken) det.''
(Johannes 1:5)

I samtale med hundeeier, er saken klar, dyr drømmer. Altså drømmer du, har du sjel, man må ha sjel for å drømme. Sjel og legeme, altså primitivt. En darwinist, som ikke har fått Guds Ånd åpenbart; alt er skapt, hvert etter sitt slag. Bare sjel og legeme, altså primitivt. Uten kunnskap (Les; erkjennelse) om gravitasjon, vil jorden alltid være flat, for vedkommende. Så når den primitive ser et dyr, blir gjenkjennelse et faktum. Sjel og legeme **inne** i et nøtteskall.

''Men et **sjelelig menneske** (Et menneske som bare har sjel, men ikke Guds Ånd) tar ikke imot det som hører Guds Ånd til. For det er en dårskap for ham, og han kan ikke **kjenne** (Gresk; ginosko; kjenne, vite, forstå) det, det kan bare bedømmes på åndelig vis.''
(1 Korinter 2:14)

Sjelelig: I Nye testamentet er det greske ordet psyche; sjel betegner det fysiske livs prinsipp, livsånden, såvel hos mennesker som hos dyr, det som gjør dem til levende vesener. (Norsk Studiebibel)

Det er ikke helse, miljø og sikkerhet, når man tråkker i salaten. Ei heller når man ikke får det til å stemme.

Åndelig: Gresk; pneumatos.
Det naturlige menneske savner erfaring av Guds Ånd´s gjenfødende og fornyende gjerning. Dermed blir dets religiøse og moralske vurdering utelukkende betinget av de rent naturlige sjels egenskaper. Følgen av dette blir igjen at alt som hører den høyere, guddommelige livssfære til, bli av det naturlige menneske forkastet som dårskap. Åndelig er egentlig det menneske som ikke bare er gjenfødt ved Guds Ånd, men som også beherskes og drives av Ånden, og som dermed er satt i stand til å "tolke åndelige ting," dømme om det som "hører Guds Ånd til." (Norsk Studiebibel)

I et dyrisk bilde, blir alt åpenbart for meg, løve og lam i samme menighet, forenelig. Ingen som flykter ifra predatorene lenger. Enighet med samme sinn.

"Da skal ulven bo sammen med lammet, og leoparden legge seg hos kjeet. Kalven og den unge løven og gjøfeet skal holde seg sammen, og en liten gutt skal gjete dem. Ku og bjørn skal beite sammen, og deres unger legger seg ned sammen. Løven skal ete halm som oksen. Diebarnet skal leke ved hoggormens hule, og det avvendte barn skal rekke sin hånd ut over basiliskens hull. Ingen skal gjøre noe ondt og ingen ødelegge noe på hele mitt hellige berg. For jorden er full av Herrens **kunnskap** (Hebraisk; deah; erkjennelse, kunnskap) likesom vannet **dekker** (Hebraisk; kissen; dekke, **tilgi**) havets bunn." (Jesaja 11:6-9)

Mer helse, miljø og sikkerhet får du ikke.

Og sette noen foran meg, lar personen ekspandere ut til et univers av molekyler og atomer, **kan jeg spasere** rett igjennom vedkommende. Når alt er stort nok, ser vi ikke hva det er, en illusjon. Og illusjon skaper oppfatning. Og bare tro på kosmos, blir perspektivet veldig lite. Sikkerhet for meg, er at jeg møter noen med samme størrelse. Som foreksempel en hyrde, bare større.

Den gode hyrde.
"Sannelig, sannelig sier jeg dere: Den som ikke går inn i fårekveen gjennom døren, men stiger over et annet sted, han er en tyv og en røver. Men den som går inn gjennom døren, han er fårenes hyrde. For ham lukker dørvokteren

opp. Fårene hører hans røst, og han kaller sine får ved navn og fører dem ut. Når han har fått alle sine får ut, går han foran dem, og fårene følger ham, fordi de kjenner hans røst. Men en fremmed vil de ikke følge. De vil flykte fra ham, for de kjenner ikke de fremmedes røst. Denne lignelsen fortalte Jesus til dem, men de skjønte ikke hva det var han talte til dem.'' (Johannes 10:1-6)

Den menneskelige oppfatning, om godt og ondt, på godt og ondt er blitt borte. Sluttstrek for enkel oppfattelse. Avanserte metoder, er langsom utvikling.

Sannhet har i skriften den vanlige betydning av å være i motsetning til løgn og til det som er falskt. Sannhet er i virkelighet i motsetning til det som bare er tilsynelatende. **Sannhet er Guds vesen,** og det er nødvendig å kjenne Gud for å vite hva sannhet er. Bare gjennom hans åpenbaring kan mennesker kjenne sannheten. (Norsk Studiebibel)

''Dersom vi sier at vi ikke har synd, da bedrar vi oss selv, og sannheten er ikke i oss.'' (1 Johannes 1:8)

Jeg bor i denne hytten, som Apostelen Paulus sier. Mitt kjød kan hviske til meg. Skille mellom stemmene til Den Hellige Ånd, min egen, og djevelens, kreves at jeg kan skjelne. Prøve alt, hindrer meg ikke i å gå. Djevelen er alltid i stemmeskifte, tilpasset omgivelsene. "Kamelonenes" far! Helse, miljø og sikkerhet er å være forberedt, når oppdraget skal utføres. Gjør det umulige, mulig.

Jesus gir sin misjonsbefaling.

"Og han sa til dem: Gå ut i all verden og forkynn evangeliet for all skapningen! Den som tror og blir døpt, skal bli **frelst**. (Gresk; sozo; hel, frisk. Ordet får betydningen bevare i eller redde tilbake til den skapelsesmessige intakte, friske, hele tilstand)Men den som **ikke tror** (Gresk; apistos; være vantro) skal bli fordømt. Og disse tegn skal følge dem som tror: I mitt navn skal de drive ut onde ånder. De skal tale med tunger. De skal ta slanger i hendene, og om de drikker dødelig gift, skal det ikke skade dem. På syke skal de legge sine hender, og de skal bli helbredet."
(Markus 16:15-18)

KAPITTEL 24

PONTIUS PILATUS

"Pilatus sier til dem: Hva skal jeg da gjøre med Jesus, som kalles messias? De sier alle: Korsfest ham! Men han sa: Hva ondt har han da gjort? Men de ropte enda høyere og sa: Korsfest ham! Pilatus så at ingenting nyttet, men at oppstyret bare ble verre. Han tok da vann og **toet** sine hender mens folket så på, og sa: Jeg er uskyldig i denne rettferdige manns blod. Dette for dere svare for. Og hele flokken svarte og sa: Hans blod kommer over oss og våre barn! Da gav han dem Barabbas fri, men lot Jesus hudstryke og overgav ham til å korsfestes."
(Matteus 27:22-26)

…. Og uten å toe mine hender, vel vitende om alle vranglærene, i denne tid, vil jeg svare de som angriper det jeg har skrevet, og si som Pontius Pilatus sa til fariseerne, etter Jesus korsfestelse: Det jeg skrev, det skrev jeg.

Kongen blir korsfestet.

"De førte så Jesus bort. Han bar selv sitt kors og gikk ut til det stedet som heter hodeskallestedet, på hebraisk Golgata. Der korsfestet de ham, og sammen med ham to andre, en på hver side, og Jesus midt i mellom. Pilatus hadde også skrevet en innskrift, og den satte han på korset. Der stod det skrevet: Jesus fra Nasaret, jødenes konge. Denne innskriften leste da mange av jødene. For stedet der Jesus ble korsfestet, lå nær byen. **Og innskriften var på hebraisk, latin og gresk.** Jødenes yppersteprester sa da til Pilatus: Skriv ikke: Jødenes konge. Men skriv at han sa: Jeg er jødenes konge! Pilatus svarte: Det jeg skrev, det skrev jeg."
(Johannes 19:17-22)

Det som blir stående, vil bli stående.
Det som faller, vil falle!

"Det er den disippel (Les Johannes) som vitner om dette og har **skrevet** dette. Og vi vet at hans vitnesbyrd er sant. Men det er også mye annet som Jesus har gjort. Skulle det skrives ned, hver ting for seg, da mener jeg at ikke hele verden ville romme de bøker som da måtte skrives." (Johannes 21:24-25)

Så oppsummerer jeg intellektet mitt, som jeg aldri blir klok på. Jeg går på en vei, meningene mine, har gitt meg flere "følgesvenner." Paparazzier, de vil ikke ta bilder, bare mange spørsmål, vel overveide spørsmål, som de ikke vet hvor kommer fra. Intellektets melodiøse sang, populære forførere, de ligger ikke på laurbærene, men tar seg en real fest, som alle misunner. Når jeg ser på en film, undres jeg, hadde det vært mulig å lage denne filmen annerledes. Eller ble det som det ble, alt er foranderlig, henger ikke på greip. Uforanderlighet er misforstått. Når jeg løfter høyre hånd, kanskje skulle jeg løftet venstre isteden. Til alle film og bokelskere, nå ødela jeg moroa for dere. Se på hva dere vil, når rulleteksten kommer og skuespillerne har gått hjem. Forfatteren har lagt pennen på bordet, for denne gang. Musikk har lyd i seg, og slutten kunne aldri klart seg uten.

Mye verre er det, når du leser en bok, tar likesom aldri slutt. Endevender alt. Slutten er begynnelsen, enden er ikke sort intet, du har bare valgt å skru av "Tv´n."
Televisjon, fjernsyn, telekommunikasjonssystem hvor det overføres både levende bilde og lyd. (Tele; gresk; fjern)
Derfor må man kommunisere selv om man står i samme rom. Det heter ikke fjernkontroll for ikkenoe.
Selv om Pontius ikke var på "nett", så var det for en grunn.

Når Pontius Pilatus kone, fikk åpenbaringer om Jesus.
''Men mens han satt på dommersetet, sendte hans hustru bud til ham og lot si: Ha ikke noe å gjøre med denne rettferdige! For jeg har i natt lidt meget i drømme for hans skyld.'' (Matteus 27:19)

Når Pontius Pilatus spør/svarer Jesus: Hva er sannhet? I

dét momanget erkjenner han kunnskapen om intellektet, et spørsmål han har fått et sted fra. Å spørre uten å tenke, selv etter å ha blitt advart, er svaret gitt. Og det **på** godt og ondt.

"Pilatus gikk da inn i borgen igjen. Han kalte Jesus fram for seg og sa: Er du jødenes konge? Jesus svarte ham: Sier du dette av **deg selv,** eller har andre sagt dette om meg? Pilatus svarte: Jeg er vel ikke en jøde! Det er ditt eget folk og yppersteprestene som har overgitt deg til meg. Hva har du gjort? Jesus svarte: Mitt rike er ikke av denne verden. Var mitt rike av denne verden, da hadde mine tjenere kjempet, så jeg ikke skulle bli overgitt til jødene. Men nå er mitt rike ikke av denne verden. Pilatus sa da til ham: Men konge er du altså? Jesus svarte: Du sier det, jeg er konge. Til dette er jeg født, og til dette er jeg kommet til verden, at jeg skal vitne for sannheten. **Hver den som er av sannheten, hører min røst.** Pilatus sier til ham: **Hva er sannhet?** Og da han hadde sagt dette gikk han igjen ut til jødene og sa til dem: Jeg finner ingen skyld hos ham." (Johannes 18:33-38)

Og forsvare Pontius Pilatus er teologi, på sitt værste. Men så står de der, disse to (Les; Pontius Pilatus og teologen) i samme stall, men i hver sin bås, der enhver tanke er. Når Pontius Pilatus oppsummerer alt som hadde skjedd, går konsekvensene opp for ham. Selv om han toet/vasket sine hender for å unnlate sin skyld, er svaret gitt skyldig.

Toe sine hender.
Håndvasking som et tegn på at man fraskrev seg ansvar, var en jødisk skikk. Pilatus gjorde et forsøk på å fri seg fra ansvaret for den feilen han begikk. Selv om andre krevde det han gjorde, ville ingen kunne gjort noe uten hans samtykke. Det ble bare en tom seremoni, uten hold. (Norsk studiebibel)

Diagnose; av gresk; undersøkelse.
Klarlegging og bestemmelse av en sykdom, det å gi det et navn. Diagnostikk, læren om metoder for å oppnå en sikker diagnose.

Diagnosens verden, et paradis for sofistene som er sikker på at de er sikre, enda de har lobotomert mennesker, har de ikke tenkt å gi seg.
Leukotomi; av gresk; lobotomi, hjernekirurgisk inngrep i tinningsregionen for å skjære av nervebanene fra panne-lappen til hjernens sentrale deler. Tidligere brukt ved psykoser, tvangsnevroser og uutholdelige smerter, **er-stattet av medikamenter,** psykofarmaka. Med andre ord, medisinsk lobotomering. Pedagoger og psykologer, de som sier at slem ikke lenger er slemt, men at det er en "grunn" for alt, synd er ikke lengre synd, og **synd** betyr jo "å bomme på målet."
Som rusmisbrukeren med AD-HD, (Hyper; gresk; som er alt for meget, alt for stor, over.)
Inn og ut av fengsler og institusjoner, med Jesus i hjerte, uten holdepunkter, men har fått plantet en diagnose: Jammen jeg har jo AD-HD, diagnosens narsissisme. Og

synes **synd** på seg selv, er det nærmeste de kommer. Erkjennelsen over å ha en diagnose, tar livet av erkjennelsen over å være et syndig menneske, etter syndefallet.

"Å frykte Herren er begynnelsen til kunnskap. Visdom og tukt blir foraktet av dårer." (Ordspråkene 1:7)

Dåre betegner i ordspråkboken først og fremst en som i moralsk og religiøs mening er en dåre. Hans fovendthet har i like høy grad sitt utspring **fra hjertet som fra hodet.** Hans åndelige fordervelse vanskeliggjør bruken av de evner og krefter han er blitt tildelt. Dårens livsførsel er preget av vellyst, løsmunnet snakk, trette, tretthet, likegyldighet, baktalelse og sladder. (Norsk studiebibel)

Hvilken diagnose Pontius Pilatus hadde, er ikke lett å si, annet enn ærgjerrighet, der det heller ikke er rom for erkjennelse av synd. Ærgjerrighet er når du er på bølgelengde med verden, å være på samme frekvens, så hører man jo ikke noe annet.

"Da Herodes fikk se Jesus, ble han meget glad. For han hadde i lang tid ønsket å få se ham, for han hadde hørt om ham. Nå håpet han å få se et tegn av ham. Han spurte ham da med mange ord, men Jesus svarte ham intet. Yppersteprestene og de skriftlærde stod der og anklaget ham heftig. Også Herodes med sine krigsfolk hånet og spottet ham. De la en skinnende kledning om ham og sendte ham tilbake til Pilatus. Denne dag ble Herodes og Pilatus venner. For tidligere hadde det vært fiendskap mellom dem.'' (Lukas 23:8-12)

Det er dårskap å skrive en bok, kunne like gjerne skrevet den til meg selv, og satt den i bokhylla. Til etterkommerne mine ble gamle nok til å lese den, ikke bare "blad" i, og fått forståelsen av hvem jeg **var.**
Narsissisten er alltid redd for kritikk, vil gjerne vise det beste av seg selv. De feige vil alltid fremstå som uredde, men du vil alltid finne dem på et "lag."
De våger aldri å stå alene. De vil aldri våge å stå "fast" på noe. Tilpasning er deres varemerke. De er små i seg selv, derfor er det som regel de "minste" som kjefter mest. Unna vei, her kommer jeg! Lurer på hvor de feige har tenkt seg?

''Men de **feige** og vantro og vanhellige og morderne og horkarene og trollmennene og avgudsdyrkerne og **alle løgnerne**-deres del skal være i sjøen som brenner med ild og svovel. Det er den annen død.''
(Johannes Åpenbaring 21:8)

De feige lyver, fordi de ikke våger å si sannheten.

''En **niding** (Hebraisk; belial; et meget sterkt uttrykk, som ligger til grunn for navnet Belial og er uttrykk for det som er absolutt verdiløst og fordervet), en gjerningsmann er den som går omkring med en falsk munn. Han blunker med øynene, han skraper med føttene, han gjør tegn med fingrene. Han har svik i sitt hjerte. Alltid tenker han ut onde ting og får i gang tretter. Derfor

kommer ulykken brått over ham. I et øyeblikk blir han knust og kan ikke bli leget. Seks ting er det Herren hater, sju er en styggedom for hans sjel. Stolte øyne, falsk tunge, og hender som utøser **uskyldig** (Hebraisk; nagi; skyldfri) blod, et hjerte som legger onde planer, føtter haster til det som er ondt, et falskt vitne som taler løgn, og den som volder strid mellom brødre.''
(Ordspråkene 6:12-19)

Intellektet vårt i dag, er like flat som jorden en gang var. Vår oppfatning går i sirkler, enda vi ser rett frem, en horisont er aldri en horisont, verdens kunnskap graver alltid nedover. Månelandingen er et bevis på det, første vi gjør, når vi er på et nytt sted, er å grave. Visdom er noe helt annet, den kan vi løfte vårt hode mot, de som ser klarest, kommer først frem.

''Jeg, visdommen, bor sammen med klokskapen, jeg forstår å finne kloke **råd** (Hebraisk; da´at; erkjennelse, kunnskap.)
Å frykte Herren er å hate det onde. Stolthet og overmot, dårlig ferd og en falsk munn hater jeg. Meg tilhører råd og sann innsikt. Jeg er forstand, styrke hører meg til. Ved meg regjerer kongene, og ved meg fastsetter fyrstene det som rett er. Ved meg styrer herskerne og høvdingene, alle dommere på jorden. **Jeg elsker dem som elsker meg, og de som søker meg, skal finne meg.** Hos meg er rikdom og ære, gammelt arvegods og rettferdighet. Min frukt er bedre enn gull, ja det fineste gull. Den vinning jeg gir, er bedre enn det fineste sølv. På

rettferds vei vandrer jeg, midt på rettens stier. Derfor gir jeg dem som elsker meg, sann rikdom til arv, jeg fyller deres forrådsrom. Herren hadde meg i **eie** (Hebraisk; qanah; erverve seg) ved begynnelsen av sin vei, før sine gjerninger i fordums tid. Fra evighet er jeg blitt innsatt, fra begynnelsen , før jorden var til. Da dypene enda ikke fantes, ble jeg født - da det ennå ikke var kilder fylt med vann. Før fjellene ble senket ned, ja før haugene ble jeg født, før han hadde skapt jord og mark og jorderikes første moldklump. Da han bygde himmelen, var jeg der, da han tegnet inn en hvelving over dypet, da han festet skyene der oppe, da han bandt avgrunnens kilder, da han satte grense for havet, så vannet ikke skulle gå lenger enn han bød, da han la jordens grunnvoller - da var jeg hos ham som kunstner, jeg var hans glede dag etter dag, og jeg frydet meg alltid for hans åsyn. Jeg frydet meg på hele hans vide jord, og min lyst hadde jeg i menneskenes barn. Og nå, hør på meg, barn! **Salige er de som følger mine veier.** Hør på min **formaning** (Hebraisk; mosar; tukt) og bli vise, forakt den ikke! **Salig** er det menneske som hører på meg, så han våker ved mine dører dag etter dag og holder vakt ved mine dørstolper. **For den som finner meg, finner livet og får nåde hos Herren.** Men den som ikke finner meg, skader sin egen sjel. Alle de som hater meg, elsker døden." (Ordspråkene 8:12-36)

Her kommer Jesus frem, som en blomst om våren. Ordet, som var i begynnelsen, Ordet var Gud, kanskje på tide å lytte, kanskje på tide å gjøre avkall.
"Alt er blitt til ved ham, og uten ham er ikke noe blitt til

av alt som er blitt til.'' (Johannes 1:3)

Djevelen vet, at når vi **Tok,** kunnskapen om godt og ondt, om sol og måne, om stjerners possisjoner, om det vi trenger å vite, om kunnskapen servert på et fat. Så blir det enda lettere for ham (Les; djevelen) å gjøre seg selv om til en lysets engel. Mangel på kunnskap har ikke noe med dette å gjøre, vi vil aldri bli kloke nok, og den dummeste mannen er ikke født ennå.

Visdom.
Evangeliet er guddommelig visdom og kraft, og ingen menneskelig filosofi. Dets hovedtema er den korsfestede Kristus, for Jøder et anstøt og for Grekere en dårskap, men for dem som er kalt, er det visdom og kraft fra Gud. Overfor evangeliet kommer all menneskelig visdom til kort. Også evangeliet inneholder riktignok en visdom, men den hører ikke denne verden til. Den åpenbares for de troende ved Guds Ånd. Skal en bli delaktig i denne visdom, må en oppgi denne verdens visdom, som er en dårskap for Gud. (Norsk studiebibel)

''For Kristus har ikke utsendt meg for å døpe, men for å forkynne evangeliet, og det ikke med vise ord, for at Kristi kors ikke skulle tape sin kraft. For ordet om korset er vel en dårskap for dem som går fortapt, men for oss som blir frelst, er det en Guds kraft. For det står skrevet: Jeg vil ødelegge de vises visdom, og de forstandiges forstand vil jeg gjøre til intet. Hvor er en vismann? Hvor er en skriftlærd? Hvor er en forsker i denne verden? Har ikke Gud gjort verdens visdom til dårskap? For da verden ikke ved sin visdom kjente Gud i Guds visdom, fant gud for godt å frelse dem som tror, ved **forkynnelsens** (Gresk; kerygma; budskap, forkynnelse) **dårskap.** (Gresk; moria; dårskap)

For jøder krever tegn og grekere søker visdom, men vi forkynner Kristus korsfestet, for jøder og grekere forkynner vi Kristus, Guds kraft og Guds visdom. For Guds dårskap er visere enn menneskene, og Guds svakhet er sterkere enn menneskene.'' (1 Korinter 1:17-25)

Kunnskap er visdom i **egne øyne.**

''For denne verdens visdom er dårskap for Gud. Det står jo skrevet: Han fanger de vise i deres list. Og et annet sted: Herren kjenner de vises tanker, og vet at de er tomme.'' (1 Korinter 3:19-20)

Som ateismen sier: Vi kom fra intet, til livet, og drar tilbake til intet. Og når vi vet at tankene også er tomme, er det ikke mye til liv her heller!

Sier som forfatteren sa: Det er synd om menniskorna. I Robot (Jeg, en robot) er tilsynelatende, ikke noe å le av.

De som sier: Du er så selvopptatt, gjør bare det du selv vil; og rettferdiggjøre seg selv, når man må gjøre noe man selv **ikke** har lyst til å gjøre. Det er som å stikke fingeren rett i sitt eget øye. Bare la det ikke bli en vane, **du kunne jo miste evnen, til å dømme.**

Om å dømme.

"Du hykler! Dra først bjelken ut av ditt eget øye! Så kan du se å dra flisen ut av din brors øye." (Matteus 7:5)

Hvis du sier: Ikke døm, til de som dømmer, så er det faktisk du som dømmer. Når du heter "dårlig samvittighet" er det lett å dømme de som dømmer. Så var det dette igjen: Total mangel på ydmykhet.

"Eller vet dere ikke at de hellige skal dømme verden? Og hvis nå verden skal dømmes av dere, er dere da uverdige til å dømme i de minste saker? Vet dere ikke at vi skal dømme engler, hvor meget mer da i saker som angår dette liv! Når dere så har saker som angår dette liv, så setter dere dem til å være dommere som ikke blir aktet for i menigheten! Til skam for dere sier jeg dette! Så finnes det da ikke noen vis mann blant dere, ikke en eneste en, som kan skifte rett mellom sine brødre?" (1 Korinter 6:2-5)

Et scenario av nåden; når overgriper, ser alvoret i det, omvendelse og tilgivelse blir et faktum, **av hele hjerte,** blir synden erstattet med nåden. Og offer ser synden som utilgivelig, skifter begge retning, som klinkekuler som klinker i hverandre. Synderen ut av fortapelsen, og offer inn i evig fravær med Den Allmektige. Og hvem som må **sone,** overgir jeg til rettsapparatet.

"For dersom dere tilgir menneskene deres **overtredelser** (Gresk; paraptoma; overtredelse, "det å falle ved siden av", synd) da skal også deres himmelske Far tilgi dere. Men om dere ikke tilgir menneskene deres **overtredelser,** da skal heller ikke deres Far tilgi det dere har forbrutt.'' (Matteus 6:14-15)

De som nekter å overgi seg, blir som regel skutt i skyttergravene!

Sone/soning.

Sone; se også soning, forsoning, bøte, lide, betale, synd, straff, dø, kors.

Jesus som soning.

''Det er altså nødvendig at avbildene av de himmelske ting blir renset ved slikt, men selve de himmelske ting må bli renset ved bedere offer enn disse. For Kristus gikk ikke inn i en helligdom som var gjort med hender og bare er et bilde av den sanne helligdom. Han gikk inn i selve himmelen for nå å åpenbares for Guds åsyn for vår skyld. Heller ikke gikk han inn der for å ofre seg selv flere ganger, slik ypperstepresten hvert år går inn i helligdommen med fremmed blod. I så fall måtte han ha lidt mange ganger fra verden ble grunnlagt. Men nå er han blitt åpenbart èn gang ved tidenes ende for å borta synden ved sitt offer. Og likesom det er menneskenes lodd èn gang å dø, deretter dom, så skal og Kristus, etter å være ofret èn gang for å borta manges synder, annen gang bli åpenbaret, ikke for syndens skyld, men til frelse for dem som venter på ham.'' (Hebreerne 9:23-28)

Det er ikke noe kjærlighet i kunnskapen, annet til kunnskapen i seg selv. Den dør heller ikke til soning.

"Mine barn! Dette skriver jeg til dere for at dere ikke skal synde. Og hvis noen synder, har vi en talsmann hos Faderen, Jesus Kristus, Den rettferdige. Og han er en **soning** (Gresk; hilasmos; forlatelse, soning) for våre synder, og det ikke bare for vår, men også for hele verdens." (1 Johannes 2:1-2)

Tilgi - Gresk; charizomai; **gi nåde,** forlatelse.

Forlatelse.
Syndsforlatelsen gir grunnlag for et normalt gudsforhold, skaper samfunn med Gud. Objektivt skjenker den frikjennelse fra syndens skyld og dermed frelse og evig liv. "Hvor syndens forlatelse er, der er det liv og salighet." Subjektivt gir forlatelsen befrielse fra en ond samvittighet og bringer visshet om Guds barmhjertighet og nåde. Den vekker kjærlighet til Gud, og inspirerer til sann gudsfrykt. Gamle testamentet bruker blant annet følgende **hebraiske** ord for "forlatelse." **Kippær;** opprinnelig; dekke over". Ordet har nær tilknytning til forsoningbegrepet og anvendes ofte i forbindelse med offer. **Salach;** opprinnelig; "sende bort", "la gå", dernest: forlate. Begge disse ordene brukes utelukkende om Guds forlatelse. **Nasa;** opprinnelig; "løfte", "ta bort". En levende illustrasjon på syndsforlatelse: **Synden løftes av synderens skuldre og bæres bort.** (Norsk studiebibel)

Den amerikanske Nasa, som "tjuvlåner" et ord, og når de tar ordet opp i løse luften, vil jeg ikke si: "Et stort skritt for menneskeheten", snarere tvertimot.

Er det ikke fra Gud, Den Allmektige, faller den snart ned til "jorden". Fra ingenting, til ingenting, bare et håpløst forsøk.

"Og du, Daniel: Gjem disse ord og forsegl boken inntil endens tid. Mange skal fare omkring, og **kunnskapen** (Hebraisk; da´at; erkjennelse, kunnskap) skal bli stor." (Daniel 12:4)

Når et menneske hører røsten av et annet menneske, skrur volumet opp, og overhører advarsler fra Den Allmektige, kom så og gjør som jeg gjør. Eva´s røst til Adam var ikke fra ei listig kvinne, men fra et syndig menneske.

"Og til Adam sa han: Fordi du lød din hustrus **røst** og åt av treet som jeg forbød deg å ete av, skal jorden være forbannet for din skyld. Med møye skal du nære deg av den alle dine levedager." (1 Mosebok 3:17)

Eva kalles mannine; hebraisk heter mann isj, kvinne heter isja, altså et menneske.

Kom deg ned på jorden igjen, blir det ofte nevnt, når noen tenker høyt. Ecce homo: Se det menneske, kan være ganske så misvisende. Ecce homo: "Se hvilket menneske", Pilatus ord da Jesus ble ført ut med tornekronen og purpurkappen.

"Jesus kom da ut og bar tornekronen og purpurkappen.
Og Pilatus sa til dem: Se det menneske!"
(Johannes 19:5)

Å adlyde, er å høre røsten av en som lot seg korsfeste.
Eller høre røsten av et menneske som lot seg friste, å ha
djevelen til far, blir ikke: "Hvor kommer tankene ifra",
lenger et spørsmålstegn!

Det er mange "Jim Jonesére" i dag, de tar ikke ditt fysis-
ke liv, men åndeligheten din. Den Hellige Ånds nærvær;
ikke **tro** på alt du får, alt er svart/hvitt, uten en "rød
tråd." Å være naken, betyr ikke at du er tilbake til para-
diset, men heller at du er synlig for alle.

Nakenhet og skam.
"Fordi du sier: Jeg er rik, jeg har overflod og har ingen
nød - og du vet ikke at du er en ussel og ynkelig og fattig
og blind og **naken.** Så råder jeg deg at du kjøper av meg:
Gull, lutret i ild, for at du kan bli rik, og hvite klær, for at
du kan være ikledd dem og din nakenhets skam ikke skal
bli stilt til skue, og øyensalve til å salve din øyne med,
for at du kan se." (Johannes Åpenbaring 3:17-18)

Når åndeligheten din er druknet av soaking. (Les: Lang-
varig bløtlegging) Kraften har mistet sin kraft,
helliggjørelsen har ikke lenger en betydning. Og Guds
Ord åpenbares ikke for deg, fordi du har sovnet på "ma-

drassen."

Lunkenhet.

"Og skriv til engelen for menigheten i Laodikea: Dette sier han som er Amen, det trofaste og sannferdige vitne, opphavet til Guds skaperverk. Jeg vet om dine gjerninger, at du verken er kald eller varm. Det hadde vært godt om du var kald eller varm. Men fordi du er lunken, og verken kald eller varm, vil jeg spy deg ut av min munn." (Johannes Åpenbaring 3:14-16)

Da var det vel bedre å være kald, å rive seg i håret, hjelper ihvertfall ikke.

De som kjenner ordet skal bli dømt mer.

"For dersom noen ved **kunnskap** (Gresk; epignosis; erkjennelse) om vår Herre og frelser Jesus Kristus har unnflydd verdens urenhet, og så igjen blir innfanget av den og ligger under for den, da er det siste blitt verre for dem enn det første. Det hadde vært bedre for dem om de ikke hadde kjent rettferdighetens vei, enn at de kjente og så igjen vendte seg bort fra det hellige bud som var overgitt til dem." (2 Peter 2:20-21)

Å bare høre min **egen røst,** å lære og kjenne igjen det som er mitt. Det som kommer fra meg, et kjøpesenter, mottagelig for alt og alle. Vi vet best, uten innrømmelse, mobilt på nett, med forstyrrelser. Hvem er det som banker på min dør! Får en helt annen betydning.

''Se, jeg står for døren og banker. Om noen hører **min røst** og åpner døren, da vil jeg gå inn til ham og holde nattverd med ham, og han med meg.''
(Johannes Åpenbaring 3:20)

Globalisering.
Ta global oppvarming.
Hvem har ikke vært på sydentur, i varmere strøk, hvem har ikke tatt seg en "Pina colada", eller flere, på en av de mange utesteder. Et sted i syden, hvor alt er varmere, og drinken har blitt "lunken", og etter en slurk smaker den ikke lenger "godt." Hvor du uhøflig vinker kelneren til deg, etter altfor mange, misbruk er mengde, for mye av alt. Globalt er akkurat det samme. Og når kelneren har betjent deg med påfyll av is-biter, er plutselig alt ved det samme, bare "fullere".
Mengde, gjør at du må flytte barstolen lengre opp fra vannkanten. Slik er det med global oppvarming også. Når det lunkene havet, får påfyll av mengder av isfjell, og kaldt isbrévann, virker det hele "mot normalt." Helt til den dagen, det ikke er mer påfyll igjen å få.

''Og det skal vise seg tegn i sol og måne og stjerner. Og på jorden skal folkene bli grepet av angst og fortvilelse når hav og brenninger bruser. Menneske faller i avmakt av redsel og gru for det som skal komme over jorden. For himlenes krefter skal rokkes.
Da skal de se Menneskesønnen komme i skyen med kraft og stor herlighet.'' (Lukas 21:25-27)

Globalt; av latin; som angår **hele** jordkloden, verdens-omspennende.

Globalisering; er et uttrykk for en økende grad av sam-handling, integrasjon, **påvirkning** og gjensidig avhengighet mellom folk og stater innenfor området som økonomi, samfunn, teknologi, kultur, politikk og økolo-gi. Globaliseringsprosesser bidrar til å **redusere betydninger av avstander og statsgrenser.** Globalise-ring er en samlebetegnelse for en rekke prosesser. (Wikipedia, den frie encyklopedia)

Ta galakser globalt sett: Hvem har ikke betraktet et glass med noe flytende, og tilsatt glasset med en annen konsistens og farge. Og gitt innholdet noen forsiktige omdreininger, hvorpå det meget snart tar en galaktisk form, da får jeg for meg at alt ligger i en masse. Fisken svømmer jo i vannet, uten begrep om at det er vann. Til-passet vannet, er det som luft å regne, for fisken. Å miste pusten bare fordi det ikke lenger har en atmosfære, gir ikke grunnlag for å kalle det for tomrom. Masse er jo et begrep ikke noe annet. Bare det at du ikke faller ned, men svever, er grunnlag nok til og stille spørsmål. Når Pontius Pilatus, svarer Jesus med: "Hva er sannhet", får globalisering til å virke større, kosmos er mer enn jorden, mer en masse vi kan se. Underfull blir han som stadig stiller spørsmål, samtidig som han toer sine hender, hvorpå det urene i det rene tar en galaktisk form. Tilslutt blander alt seg, til grums, med sløret blikk, stoler vi på det sansene gir oss. Aquarium er ofte stort nok, for et menneske. Mann og mannine, som svømmer rundt. Og innse at vi er små i det store, i en slik masse kan vi lett svelge. Men å erkjenne at vi er små i oss selv, sitter langt inne, globalt sett.

Det er en åndelighet i oss alle, å kalle det mental ustabilt, gjør vi pedagogene til "seierherrer." Å bli fylt med Den Hellige Ånd, kreves at du er mottagelig, salige er de fattige i ånden, for himlenes rike er deres. Kjenner at intellektet mitt vil så gjerne, fyrtårn som får oss til å styre unna. Men vinden tar ikke hensyn.

''Vinden blåser dit den vil. Du hører den suser, men du vet ikke hvor den kommer fra og hvor den farer hen. Slik er det med hver den som er født av Ånden.''
(Johannes 3:8)

Familienavnet Pilatus betyr "spydkaster". Pilum var en type spyd bestående av et fem fots treskaft med en to fot smalnende spiss av jern. Når denne boret seg inn i fiendens skjold, bøyde skaftet seg og hang ned, slik at spydet ikke kunne kastes tilbake. (Wikipedia)

Det er ganske klart, at Pontius Pilatus hadde vært innom datidens filosofi, siden "hva er sannhet" er en av grunnsteinene; stille spørsmål! Han vanket ikke bare sammen med makteliten, men også eliten av de intellektuelle. Makt og intellekt; Tuppen og Lillemor, bestevenner som krangler. Intellektet kan aldri følge Jesus, ei heller "ta opp sitt kors", hver dag. Bare rettferdiggjøre seg selv, med å toe hendene sine.

All kunnskap er **fra** Gud, vi fikk bare ikke adgang til den. Konsekvensene av våres ulydighet vil bli verdens undergang, av den enkle årsak, at vi ikke har evnen, til å se konsekvensene før det er for sent. Vi er mer notoriske enn vi er villige, til å innrømme. Innrømmelse, stolthetens kjerne vi aldri vil bli ferdige med. Selv de stolte nikker seg enige i at "Gud står de stolte imot." Selv i skrivende stund, med brukket finger, ble min pekefinger plutselig smertefull og peke med.

Og jeg som var en av de, som trodde jeg var stående.

"Derfor, den som mener seg å stå, han se til at han ikke faller! Dere har ikke møtt noen fristelse som mennesker ikke kan tåle. Og Gud er trofast. Han skal ikke la dere bli fristet over evne, men gjøre både fristelsen og utgangen på den slik at dere kan tåle den." (1 Korinter 10:12-13)

All kunnskap er fra Gud, bare hatt gleden av å holde sannheten igjen, gjøre slutten til en "happy ending" ("Lykkelig slutt") for de troende. Som valgte å bli stående etter å ha overvunnet alt.

"Ta derfor Guds fulle rustning på, så dere kan gjøre motstand på den onde dag og bli stående etter å ha overvunnet alt." (Efeserne 6:13)

Erkjennelse må til, kunnskap i begge retninger, samme sinn har noe med enighet å gjøre.

''Fatt da et annet sinn og omvend dere, så at deres synder kan bli utslettet, for at husvalelsens tider kan komme fra Herrens åsyn, og han kan sende den Messias som forut er utkåret for dere, Jesus, ham som himmelen skal huse inntil de tider da alt det blir gjenopprettet som Gud har talt om ved sine hellige profeters munn fra eldgamle dager.'' (Apostlenes Gjerninger 3:19-21)

Så kommer tilståelsen, erkjent skyldig, bortforklaringer gjelder ikke, strafferettslig beregnelig, retten er satt.

På rømmen.
Pontius Pilatus
miraklenes tid er ikke
over.
Navnet som forteller
deg alt.
I grunnteksten
toet du dine hender
men skyldfri har noe med
forlatelse å gjøre.
Og forlate sitt ego, i denne verden
for å finne en ny jord
hjelper ikke.
Planeter er det nok av
så du vil ikke bli
helt alene.
Avstanden er stor
mellom Jesus
og deg.

Og meg.
Du Pontius Pilatus
du Pontius Pilatus, som tok
en annen retning.

"Alle dem jeg elsker, dem **refser** (Gresk; elengcho; overbevise, irettesette) og tukter jeg. Derfor, ta det alvorlig og omvend deg!" (Johannes Åpenbaring 3:19)

EPILOG

Epilog (Av gresk), sluttord i en tale eller et diktverk; i et skuespill en akt eller scene føyet til siste akt.
(Kunnskapsforlaget)

Oppsummering, refleksjoner, når Pontius Pilatus fikk sagt det meste, hva mer er det å si.
Å etterlate seg noe, eller er alt bare et stort rot, uten at noen har tatt seg bryet å rydde.
Å skape kaos er vi gode på.
Orden i kosmos.
Så hvem har full kontroll!
Det er de som gjør ting vondt verre.
Dette er ikke en "kristen" bok, men en bok for de kristne, de religiøse, (Innbefatter ateister, siden ateisme er betegnet som religion.) De intellektuelle (Ihvertfall bedreviterne).
De som ikke går langt, før de vet best.
Det var de som sa: Orden i kaoset.
En bok for de som vokste opp med Mors ukeblader: "Finn fem feil", og ble faktisk gode på det.

Sa han, som skrev denne boken.

Takk Jesus.

Mer er det ikke å "si".